垣内 国光・高橋 光幸・小尾 晴美／監修
非正規保育労働者実態調査委員会／編著

かもがわ出版

は・じ・め・に

本書を発行できたことに深い感慨を覚えます。

初めて非正規保育者をテーマとする本が出版されたということもありますが、それ以上に、本書がこうしてこの世に生まれ出るまでにどれほど多くの公立保育園職場の非正規保育者の労苦があったか、思いを馳せないわけにはいかないからです。

現場にかかわる人であれば、行政マンであっても研究者であっても、また労働組合の活動家であっても、非正規保育者の存在を知らないなどということはあり得ません。全国的にはすでに公立保育園の正規保育者は少数派であり、非正規保育者なしに保育が成り立たないことは周知の事実です。

自己批判を含めての話ですが、公立保育園における非正規問題が積極的に取り上げられることは、一部の労働組合を除いてほとんどなく、見て見ぬ振りをされてきたと言っても過言ではありません。

実は、この本の基となった調査を最初に提起したのは、本書でも執筆されておられる岩下和江さんです。長く非正規保育士をされてこられ、実践力量の高い保育者として知られた方です。その岩下さんから、非正規保育者の生の声を取り上げて実態調査をしたいとお申し出があったのは2011年のことです。

岩下さんの思いの深さを知るのはずっと後になってからのことですが、その時のことは今でも鮮明に覚えています。保育現場の現実を突きつけられた思いがしたものです。思い返すだけでも恥ずかしいのですが、私が最初に岩下さんに申し上げたのは、大規模な調査になって大変でお金もかかるので、もう一度よく考えていただきたいということでした。しかし、岩下さんの決意はかたく、やがて調査のプロジェクトが組まれることになりました。

プロジェクトは発足できたものの順風満帆というわけではありませんでした。次から次へと難題が生じ、メンバー間の意志の一致さえそう簡単なものではありませんでしたが、岩下さんは一度もひるむことなく、いつも穏やかで冷静でありながら確固としていて、プロジェクトメンバーを督励し続けました。岩下さんの思いなくして、本書は成り立たなかったと言わざるを得ません。もし、非正規保育者の声を多少でも本書に反映することができたとするならば、岩下さんの岩をも貫く思いが通じたからだと言うほかありません。

研究者として、このようなプロジェクトにかかわることができたことを心から誇りに思います。岩下さんに心から感謝申し上げます。岩下さん、本当にありがとうございました。そして、お疲れさまでした。

本書が、現代日本の保育者の労働環境を改善することにいささかでも寄与できるならば、嬉しく思います。

2015年7月1日

執筆者を代表して　垣内国光

はじめに 3

第1章　公立保育職場の非正規化をどう見るか（垣内国光） 7

1.なぜ、非正規保育者が増えたのか 8

2.非正規保育者の現実 12

3.非正規保育者問題が問いかけること 17

4.求められる国民的な議論 20

第2章　非正規保育者の雇用と労働の現実
―『東京の公立保育園における非正規職員の実態調査報告書』から 23

はじめに（小尾晴美） 24

1.非正規保育者の賃金と雇用形態、雇用不安 31

1）単身では生活が苦しい賃金水準 31

2）非正規保育者の雇用期間と雇用不安 34

2.非正規保育者のストレスと疲労（義基祐正） 39

1）非正規保育者の疲れ 39

2）非正規保育者の抱えるストレス 42

3.保育園での仕事の分担と仲間（小尾晴美） 44

1）「保育補助」という位置づけの非正規保育者 45

2）求められる役割とやりがいとの間で葛藤する非正規保育者 51

3）おわりに 57

第3章　正規と非正規の連携を考える　61
―力をひとつに保育をすすめるために―

1.誇りを持って働き続けたいからこそ
～非正規保育者の視点から～（三井文代）　62

2.わかり合って保育する幸せ～正規保育者の視点から～（伊藤真咲）　67

3.公立の保育実践をたかめるために私たちにできること（岩下和江）　71

〈コラム1〉あきらめないで～中野区非常勤保育裁判から～（岩下和江）　78

〈コラム2〉保護者も連帯したい！～保護者の視点から～（武田　敦）　79

第4章　現在を変え、未来をつくる　81
―非正規保育者の問題から考える保育運動の課題―（高橋光幸）

1.非正規労働者問題と非正規保育者　82

2.非正規保育者問題を解決するための3つの課題　84

3.非正規保育者の問題を解決する2つの視点　88

4.制度・政策などにかかわる具体的な運動　90

〈コラム3〉非正規保育者の賃金・労働条件を改善するため、
「7・4公務員部長通知」を活用しよう！（今井文夫）　100

おわりに（高橋光幸）　102

公立保育職場の非正規化をどう見るか

1 なぜ、非正規保育者が増えたのか

全国の非正規比率は７割、東京都は45％

公立保育園職場で保育者の非正規化が進行していることは、一般にはほとんど知られていません。そこを利用する子どもの親であっても、毎朝、笑顔で迎えてくれるあの先生が非正規だったとは、子どもが卒園するまで知らなかったなどということはよくある話です。

実は、この10年ほどの間に急速に非正規化がずいぶん進んできました。全国の公的なデータがないので、正確な数値を挙げることができませんが、私の推定では、2012年現在の全国の公立保育園の保育者総数はおよそ13万人強、そのうち非正規保育者は８万人強、非正規職比率は全国平均で６割を超えています(1)。その後の進行を含めれば、現在では、非正規職比率は７割を超えているとみていいでしょう。

それに対して、東京都区部の非正規保育者比率は平均で41.8％、市町村部は57.6％、全平均で44.7％となっています（『東京都の公立保育園における非正規職員の実態調査報告書』2014年、以下、東京公立保育園非正規職員調査）。自治体によっては70％を超える非正規比率となっているところもありますが、数字で見る限り、東京の非正規職比率は全国に比較して低いと言うことができます。その理由は定かではありませんが、自治体の財政状況が地方に比べれば良好であったこと、自治体の労働組合が機能しており、非正規職員雇用に関する労使協議がおこなわれて雇用規制が働いたことなどが考えられます。

公立保育園国庫負担廃止で進んだ民営化と非正規化

全国も東京も非正規保育者が急速に増えてきましたが、その理由は2つあります。

第1は、1990年代のバブル経済の破綻から、デフレと経済不況が長く続き、労働規制緩和や社会福祉基礎構造改革などの市場原理主義的な政策が実施されてきました。そのなかで、公務員削減が数値目標とされてきた結果、現業職である保育現場がターゲットにされてきたことです。正規保育者減らしの最たるものは、公立保育園民営化と非正規化です。

この間、各地で公立保育園の民営化と非正規化が進められてきました。特に、小泉内閣の"三位一体改革"に伴って実施された2004年の公立保育園国庫負担の廃止は、民営化と非正規化に大きなインパクトを与えました。

保育園の運営費は、およそその半分にあたる保護者負担（保育料）を除く費用が公費負担でした。公費負担の内訳は、2分の1が国庫、4分の1が都道府県、4分の1が市町村の義務負担で、公立も私立も区別されていませんでした。この"三位一体改革"によって、公立保育園の国庫負担が外され、市町村負担に切り替えられました。地方自治体財源が増加し自由度が増すという触れ込みとは異なり、実際には、地方が自由に使える財源（地方交付税）が増えた自治体は少なく、公立保育園運営費の国庫負担だけが一方的になくなる結果となりました。

負担が増した自治体は、自治体財政支出を抑えようとして民営化と非正規化を急速に進めたわけです。公立保育園を維持する意欲を喪失した自治体も少なくありませんでした。2000年に、全国で22,199カ所あった保育園のうち公立は12,707であったものが、2012年には、保育園総数は23,740カ所と1,541カ所増えたにもかかわらず、公立は逆に9,814カ所へと2,893カ所も減少しています。看板は公立でも運営を民間に委託しているところが537カ所あるので、純粋の公立公営の保育園は9,277カ所と激減しています。12年間におよそ3,000カ所も公立保育園が減少しているのです。

民営化はわかりやすい公務員削減と言えます。公立保育園廃止と民間園設立を同時におこなう民営化であっても、運営だけを民間に移す公設民営化であっても、ストレートに公務員削減がおこなわれるので、わかりやすいだけましなのかもしれません。

しかし、非正規化は外形は変わらないまま正規公務員比率を低下させるため、住民には実態がわかりにくいという特徴があります。気がついたときには、園長と主任以外全員が非正規保育者だったなどという話もあるほどです。

また、民営化は運営主体の変更、保育者の総入れ替えなど、目に見える変化を伴うために、激しい民営化反対運動が起こり耳目を集めることが少なくありません(2)が、非正規化は利用者住民には直接的に響くことがないため、社会問題化しにくいことも指摘しなければなりません。

東京の場合は、自治体の独自財源がある程度あったために地方より公立保育園国庫負担金削減のダメージが少なく、結果として民営化も非正規化も地方ほど進まなかった地域特性が見られます。

非正規で保育ニーズの拡大に対応

公立保育園で非正規が増えた理由の第2は、この間の待機児問題対応など保育ニーズの拡大に伴う保育労働力需要の増大です。

この10年ほどで、待機児対策としての暫定定員増、乳児保育の拡大、朝夕の保育時間延長、特別の対応が必要なハイリスク児や発達障害児童の増加などに伴って、新たに必要とされた保育労働力需要はかなりのものです。もともと、正規保育士の育休産休病休代替要員確保のためだけでも相当量が必要ですが、そこにこうした需要が加わったために、膨大な保育労働力が求められてきたのです。

これまでも、子ども・子育て支援新制度になってから以降も、国は8時間保育をベースとして保育者配置基準をつくっており、それ以外の保育は補完的なものと位置づけられ、正規職配置の基準をつくっていません。国の補助が少ないため、自治体は独自財源を投入しない限り、非正規で対応せざるを得ない財政構造が強まっているとみることができます。

保育補助型が多い東京

非正規保育者には、大きく分類して正規保育者置換型と保育補助型があります。どちらも、この間、急速に増えてきています。

今後、検証が必要ですが、地方では正規保育者置換型の非正規が多く、多様な保育ニーズのある大都市部は正規保育者置換型と保育補助型の両タイプの非正規が配置されているように思われます。

その中でも、どちらかといえば東京は正規保育者置換型が少なく保育補助型が主流を占めているようです。具体的に見てみましょう。東京公立保育園非正規職員調査によれば、次のように15種の非正規保育士の任用区分を持っている自治体があるほどです。

午前保育員Ⅰ、午後保育員Ⅰ、午後保育員Ⅱ、延長保育員、代替保育員Ⅰ、代替保育員Ⅱ、病後児保育員Ⅰ、病後児保育員Ⅱ、保育業務員ＡⅠ、保育業務員ＡⅡ①、保育業務員ＢⅠ、保育業務員ＢⅡ、保育業務員ＡⅡ②、保育業務員Ｃ（以上、地方公務員法第３条第３項第３号による任用)、保育補助（地方公務員法22条による任用）

これほどでなくとも都下の多くの自治体の非正規職の任用は複雑です。公立の保育現場は、ベースとなる正規職保育士も複雑な時間差のシフト勤務を組んでおり、そこにモザイクのように非正規保育者が配置されて、成り立っているのです。

2　非正規保育者の現実

このように急増してきた公立保育園の非正規保育者はどのような実態に置かれているでしょうか。詳細は次章以下でご覧いただくとして、ここでは大きく４点について触れておきたいと思います。

官製ワーキングプア保育者の存在

まず第１に指摘しなければならないことは、官製ワーキングプア保育者が確実に存在することです。都下の自治体で雇用されている多くの非正規保育者は、雇い止めなど雇用不安にさらされ低賃金状態に置かれています。ストレスもかなりのものです。

自ら進んで家計補助的で短時間労働の非正規職を選んでいる方もいますが、４分の１にあたる保育者は、非正規の収入が主な生活費となっており、５分の１にあたる方が、他の自治体の保育業務やサービス業などの掛け持ち仕事（ダブルワーク）をしています。

また、どの公立保育園にも毎年、雇い止めの不安にさらされながら息を潜めて再雇用を待つ保育者がいます。一時金はもとより通勤の交通費さえ支給されない保育者もいます。

派遣村やブラック企業だけが問題なのではありません。お上とも言うべき当の自治体の公立保育園に多くのワーキングプアが存在しているのです。自治体自体がブラック化しているのではないかとの懸念を払拭することができません。

子どもたちが丸ごと理解され、ゆったりと生活し豊かにあそぶことのできる環境を保障しなければならない保育園で、子どもたちの発達を支援する保育者自身がまともに生活し、まともに労働できない状態にあることをどのように考えたらよいのでしょうか。そうした事実を知っていて、わが子を喜んで預けたい父母がいるでしょうか。

“専業非正規”化

第2は、行政の都合で非正規保育者が使い回され、“専業非正規”化、つまり非正規であることが専業化している実態が進んでいることです。

地方公務員法では、無制限に非正規職員を雇用することはできないこととされています。

臨時や嘱託など通常は1年以内の任期で雇用される特別職非常勤職員（地方公務員法第3条第3項第3号）、特に任期を限って雇用する必要がある場合に認められる一般職非常勤職員（同法第17条）、緊急の必要性がある場合に6カ月以内で雇用される臨時的任用職員（同法第22条第2項または第5項）の3種の非正規雇用が定められています。正規職雇用を基本とし、特別の理由がある場合にのみ非正規の雇用を認められることが法の趣旨であり、非正規公務員の任期は厳しく制限されています。

地方公務員法の他に、地方公共団体の一般職の任期付き職員の採用に関する法律で、60歳過ぎの定年退職者を対象とする雇用延長制度、一定の期間内に終了する業務・サービス提供体制の充実を目的として雇用することのできる任期付短時間勤務職員制度、また、地方公務員の育児休業等に関する法律で、正規職公務員の育児休業代替えのための任期付採用もしくは臨時的任用制度も定められています。

このように法律上は5種類の非正規公務員制度がありますが、サービス提供体制の充実を目的とする以外の高齢者雇用を拡大しようとする任期付短時間勤務職員制度、育児休業を充実するための育休代替職員制度は、一般の労働者雇用制度の法整備に連動したものであり、施行されて当然の制度です。問題は地方公務員法上の3つの雇用の運用のされ方です。

制限なく何年にもわたって任用されるなど、任期が曖昧にされている“専業非正規”化した保育者が多数存在していることが今回の東京公立保育園非正規職員調査でわかります。10年以上働いている保育者が４分の１、３～10年未満働いている保育者が３分の１以上に及びます。

図表1-1は、今回の調査で自治体担当者が回答した結果から抜粋した正規保育者置換型の代表事例です。都内ではまだ多くはありませんが、１日７時間以上の労働時間、20万円程度の月額賃金で、「保育の充実のための配置」「日中の保育対応」など正規職と変わらない職務をこなし、雇用期間の更新が無制限というフルタイム型非正規保育者雇用が存在することを確認することができます。また、短時間であっても“専業”化した保育者も少なくありません。

図表1-1●正規職に近い働き方をしている有資格非正規保育者の事例(都内)

自治体	呼　称	配置の根拠	労働時間	賃　金	雇用期間・更新回数上限
B区	保育充実	記載なし	1日6時間、週30時間	163,200～226,200円	1年　なし
C区	保育業務補佐員	発達支援児補佐、産明け体制強化等	1日6時間、週30時間	178,000円	1年4回　ただし再受験可、最長10年
D区	保育員A	保育園に勤務する保育士の勤務状況に準ずる	1日7時間15分、週29時間	161,500～201,900円	1年　上限65歳
I区	乳児保育専門補助員	保育の充実のための配置	1日5時間45分、週28時間45分	157,000円	1年　なし
L区	短時間保育士	正規職員の当番緩和	1日6時間30分、4週で20日	182,700円 189,200円	1年　なし
B市	保育士	常勤保育士の補完	1日7時間30分以内	時給950～1,188円	1年　なし
D市	非常勤嘱託員(保育士)	職員の休憩、休暇対応要員	1日7時間30分、週37時間30分	235,400円	1年以内　なし
E市	嘱託保育士	正規補助、障害対応、弾力・延長対応	1日7時間、月22日	204,000円	1年　なし
L市	嘱託保育士	日中の保育対応	1日7時間30分、週4日	時給1,670円	1年　9回

明星大学垣内国光研究室『東京都の公立保育園における非正規職員の実態調査報告書』2014年

公の場で脱法に近い雇用がおこなわれ“専業非正規”化が進んでいることは、労働問題として取り組まれるべき問題です。公立施設として非正規をどのように雇用するのか、国民的な課題として議論しなければならないことは言うまでもありません。

すでに地方では正規保育者置換型の非正規保育者が主流になっています。厚生労働省の統計上では、非正規でありながら“常勤保育士”としてカウントされていることも問題ですが、同一労働同一賃金の原則に反し、雇用のルールがしっかり守られていないことそのものを問わなければなりません。

正規保育者置換型においても保育補助型においても専業非正規保育士が増加し、それで保育現場がまわるのであれば、非正規雇用を軸とした雇用体制にしようとする自治体が増えても不思議はありません。“専業非正規”化の動向を注視していく必要があるでしょう。

強い実践要求

第3は、このような実態に非正規保育者が置かれているにもかかわらず、非正規保育者はやりがいを感じており、よりよい保育を希求していることです。仕事への問題関心は高いと見ることができます。

処遇に多くの不満があり職場での強いストレスにさらされていますが、「仕事のやりがい」では6割以上の方が「感じる」と回答し、7割近くの方が「保育の仕事は専門性の高い仕事」だと回答しています。また、ほとんどの方が保育園の子どもたちと過ごす時間が「楽しい」と回答しています。

しかし他方で、「実際に自分の担当する仕事の専門性」が「高い」と回答している方は4割にとどまり、もっとも受けたい研修は「保育内容や子どもの発達に関する内容」となっています。

「仕事をするうえで必要な情報の共有がおこなわれていますか」との質問に対しては、「正規・非正規含めた職員に情報が共有されている」は1割にとどまり、職場で保育の話し合いが「できている」とする回答は3割に満ちません。良い保育ができないでいる不満が表明されています。「もっと良い保育実践をしたい」という要求があることをうかがわせています。

安心安全な保育をする上でも、子どものリスク情報などの情報共有は最低限の条件です。非正規保育者が置かれた現状から、公立保育園における正規職非正規職がどのような職務分担をし、責任を負い、どのように保育の質を高めていくのか根本的な問題が提起されているといえるでしょう。

分断される正規・非正規

非正規保育者が置かれている実態の特徴の第4は、正規保育者と非正規保育者の分断構造があることです。

今回の調査の自由記述では、正規保育者に対する尋常でない不満やストレスが表明されています。正規保育者と非正規保育者が分断され、正規非正規の保育者処遇改善要求にベクトルが向かっていない職場も少なくありません。非正規職比率が高まれば高まるほど、職場や労働組合で意識的に非正規保育士との仕事の連携・協同にとりくまなければ、いとも簡単に分断されてしまいます。正規と非正規の分断構造が強まっていることを理解しなければなりません。

非正規保育労働者を対象としておこなわれた今回の調査で、このような非正規保育者の実態が初めて明らかになりました。保育の仕事は、子どもの情報と子ども理解を共有し、同じ方向目標を持ち役割分担をして、子どもたちと共感関係を成立させていく営みであり、正規、非正規を超えたチームプレーが求められています。

正規と非正規の分断構造が強まるほど、分断を生じさせている責任を追及する力が弱まり、結果的に保育実践の質が低下していくことが避けられません。

正規非正規が相互に置かれた状態について認識を共有し、どのような連携・協同が可能なのか、非正規保育者処遇はどうあるべきか、この調査から汲まなければならないことは少なくないと思われます。

3 非正規保育者問題が問いかけること

保育者同士の共感の希薄化による保育の質低下

公立保育園の非正規を対象としておこなわれたものとしては、今回の東京公立保育園非正規職員調査が全国で初めてのものです。全国調査がまだ存在しないので、軽々に、非正規保育者問題はこうだと言うことができませんが、公立保育園の非正規保育者問題に関心を寄せてきた者として、今日の公立保育園非正規保育者問題は私たちに何を問いかけているのか、2つ問題提起しておきたいと思います。

ひとつは、ここまでお読みくださった方にはすでにご理解いただけていることかと思いますが、非正規問題は保育の質問題と密接に絡んでいることを指摘しないわけにはいきません。非正規問題を通して見える近未来は、正規非正規を含めた保育労働者の処遇問題抜きに保育の質を語ることは不可能になっているということです。

保育に市場的な競争を持ち込めば、良質の保育園が残り悪質の保育園が淘汰されるので保育の質が高まるとか、保育の第3者評価を徹底すればその評価を基に施設選択がおこなわれるので保育の質が高まる、公立を民営化すればするほど低コストで高品質の保育が提供できる、などとする保育の現実を無視した議論がこれまで多くおこなわれてきました。

他方では、厚生労働省の指定科目として多くの保育士養成機関で講義されている「保育者論」の教科書は、資質、姿勢、まなざし、向上心などで彩られています。保育者の現実や労働者としての権利はまったくと言ってよいほど取り扱われていません。

現実は、厚労省が国内にあるすべての職業129職種中、保育士は107位に位置[3]しており、正規非正規含めて保育者の賃金水準はミゼラブル（みじめ）なものです。公立職場では非正規が主流化し、正規と非正規の溝が拡がっており、保育の仕事がディーセントワーク（権利が保障され、十分な収入を生み出し、適切な社会的保護が与えられる生産的な仕事[4]）かどうかも怪しい状態にあります。

保育者が誇りを持って働ける状態に置かれておらず、保育者が正規と非正規に分断され、その分断がますます保育者自身の地位低下を強めている状態にあって、どうして、子どもたちを受けとめ丸ごと理解し、個々の子どもの持つ発達課題に寄り添って、子どもたちを豊かに育んでいけるのでしょうか。

子ども理解も発達課題を意識した働きかけも、特別のニーズを持つ子どもへのまなざしも、保育者同士が語り合うことで共有することができるものです。

保育者処遇問題抜き、非正規問題抜きの保育の質の議論は欺瞞（ぎまん）だと言っても過言ではありません。

非正規雇用奨励制度としての子ども・子育て支援新制度

非正規保育者問題が問いかけることの第2は、2015年よりはじまった子ども・子育て支援新制度が保育者労働力の量に応じた価格制を採ったことで、より非正規化の進行が懸念されることです。

新制度は、当初、保育園も幼稚園も認定子ども園もすべての施設が直接契約利用の形をとることが想定されていました。直接契約なので、直に施設と契約を結び、その費用全額（公定価格）を利用者が支払わなければならず、その利用者に国・自治体が直に補助金を支出する仕組みが採られています。実際の運用上では、利用者への補助金を施設に代理受領（施設型給付）させるというややこしい仕組みが採られています。

その本質は保育サービスの直接売買制度とみることができます。

全国的な運動があり、法律が成立する最終盤で、直接契約制度から保育園が外され、児童福祉法第24条が残されました。要保育の児童に対して公的責任で保育をおこなう仕組みが維持されたわけです。形式的にせよ、保育園のみ保育費用全額を支払うという制度にはなっていません。しかし、いずれ保育園も直接契約制度に切り替えたいというのが政策サイドの考えと言われています。

問題は、すべての保育施設の保育にかかる費用に公定価格というサービスのやり取りの値段がつけられたことです。この公定価格制はこれまでの保育単価制をより市場的な制度に純化したものとみることができます。

公定価格の内訳の大半は人件費で、保育時間に対応した保育必要量従量制となっています。時間が同じであれば、同じ年齢の子どもの保育はすべて同一公定価格になります。

ということは、原理的には、同じ時間同年齢の子どもを保育すれば、若い保育士であろうがベテラン保育士であろうが非正規であろうが、そのサービスの値段は同一価格になるということです。保育サービスを売り買いするという基本原理に立てば当然でしょう。

他方、保育者の確保ができなければ新制度が頓挫する恐れがあり、経営サイドからみて経営が厳しくなるとの意見を受けて、政府は、新制度が始まる直前、公定価格制度とは別建てで保育者の勤続及び経験年数に応じた賃金加算（11年勤続まで段階的に最高12％加算）と、11年未満保育士に一律３％、12年以上に一律４％の給与改善を盛りました。勤続加算は旧保育制度にもあった制度ですし、一律３％ないし４％の改善はないよりはましという程度のものです。

話を戻します。そもそもサービス従量制で提供される保育労働とは何かということです。介護職のヘルパーと同じように保育士賃金制度をすべて時給制度に切り替えれば、公定価格制度に適合的かもしれません。百歩譲って、任期の定めのない正規職で保育士を雇用するにしても、公定価格制度では、勤続10年程度で辞めるのが当然の"専門職"として保育者を位置づけざるを得ないこととなります。非正規雇用がいっそう増えると見るのは当然と言えるでしょう。

公立保育園には、そもそも公定価格による国の補助金そのものがついていないので、民営化と非正規はさらに進むと考えられます。こうしてみると、子ども・子育て支援新制度は非正規雇用奨励制度というほかありません。

4 求められる国民的な議論

明るくない話におつき合いくださってありがとうございました。

状況は決して明るいわけではありませんが、最後に申し上げたいことは、日本の保育はこれでいいのか、とりわけ公立保育園はこれでいいのかということです。瀟洒(しょうしゃ)な新しい民間保育園や認定子ども園が増えたから、待機児問題が緩和したからいいという問題ではありません。

貧しい実態に置かれながら、日本の保育実践が一定の評価を得てきた基盤に公立保育園があったことを改めて確認しておかなければなりません。公立は民間よりずっと平均勤続年数が長く、公立保育園の保育士賃金水準や保育士配置基準を民間にも波及させる公私格差是正運動が展開されてきました。労働組合運動を背景として自主的な研究活動が盛んにおこなわれ、高い専門性を持つ保育者が無数に生み出されてきました。公立保育園でおこなわれる実践水準はその地域のスタンダードになり、『季刊保育問題研究』や『現代と保育』などに優れた保育実践が次々と発表されてきました。日本の実践をリードし定着させてきたのは公立保育園であったといっても、けっして過言ではありません。

もちろん民間にも優れた実践はありましたが、長く勤めることのできる条件に乏しいこと、組合結成も認めないような経営も少なくなく、キャリアを積むことが難しく、公立保育園のような拡がりのある実践運動や労組運動は多くはなかったと言ってよいでしょう。

このように見てきますと、単に、公立保育園問題は大半を民営化してその一部を残せばいいという問題でないことは明らかです。公共的で共同的な保育の果たしてきた意味を問わなければなりません。改めて、その果たしてきた役割を確認し、これからの日本の保育制度のなかにどのような施設として存在しなければならないか、国民的な議論が必要ではないかと思うのです。

公立非正規問題は、自治体内の低賃金不安定雇用の労働者問題であると同時に、これからの日本の保育のあり方、保育の質問題の中核に座っている問題だと言わなければなりません。

【注】

(1) 垣内国光「序章　政策課題としての保育労働研究の意義」 垣内国光ほか『日本の保育労働者』2015年　ひとなる書房

(2) 民営化の実態については拙著を参照して下さい。
垣内国光『民営化で保育が良くなるの？』2006年　ひとなる書房

(3) 厚生労働省統計情報部は『賃金センサス』で、全職種の平均賃金を算出し公表している。2012年度の保育士の毎月決まって支給する現金給与額214,200円は、129職種中107位。保育士を下回る職種には、看護補助者、ホームヘルパー、福祉施設介助員、キーパンチャー、スーパー店チェッカー、洗たく工、調理師見習、給仕従事者、洋裁工、ミシン縫製工、ビル清掃員、用務員などがあります。保育者は准看護師、歯科衛生士、理容・美容師、警備員、精紡工より低い水準にあります。
厚生労働省統計情報部『賃金センサス－平成24年賃金構造基本統計調査第３巻』77～79頁

(4) ILOのディーセントワークの定義
http://www.ilo.org/tokyo/about-ilo/decent-work/lang--ja/index.htm

非正規保育者の雇用と労働の現実

―『東京の公立保育園における非正規職員の実態調査報告書』から―

は・じ・め・に

なぜこの調査をおこなったのか

第１章でもいわれている通り、今日の公立保育園職場では、非正規保育者が増加しています。そのようななか、東京自治労連は、公立保育園に働く非正規保育者の労働条件の向上を目的に、「非正規保育労働者の労働政策」づくりに取り組むことにしました。そして、政策の策定にあたり、実際に当事者のみなさんがどのような問題を抱えているのか、どのような点を改善したらいいのか、などをより正確に理解するために、非正規保育者のみなさんの実態を把握する調査をおこなうことにしたのです。調査結果の信ぴょう性をより高めるために、明星大学の垣内国光研究室と、東京自治労連のみなさんとでプロジェクトチームをつくり、協力しながら、３年間の時間をかけてアンケートの作成と分析をおこないました。

第２章では、この調査で明らかになった、公立保育園の非正規保育者がおかれている実態について、詳しく説明していきます。

どんな方法で、誰に調査をしたのか

では、非正規保育者がおかれている実態を明らかにするために、どんな調査をしたのかについて説明します。調査は、次の２種類をおこないました。１つ目は、都内の自治体当局を対象に、31自治体からの回答をいただいた「公立保育園における非正規職員の勤務に関する調査」（「自治体アンケート」）です。２つ目は、都内の公立保育園で働く非正規保育者を対象にし、3,632人の回答をいただいた「公立保育園における非正規職員の仕事と生活に関するアンケート」（「非正規保育者アンケート」）です。ここでは、この２つの調査のうち、「保育に従事する」保育者に限定して、「自治体アンケート」の5,902人分、「非正規保育者アンケート」の2,574人分のデータを再集計したものを

中心に扱います。今回のアンケートでは、374人の方（全体の14.5％）から自由記述欄に声を寄せていただきましたので、その内容もところどころでご紹介したいと思います。

それぞれの調査に関する、調査対象、調査期間、調査項目、回収率などの情報は、図表2-1、図表2-2にまとめています。なお、表中の構成比率は小数点第２位以下を四捨五入したうえ、小数点第１位表記とし、図（グラフ）の構成、比率は小数点第１位を四捨五入したうえ整数表記としますが、端数処理のため合計は100％にならない場合があります。

図表2-1●「自治体アンケート」調査の概要

調査対象	東京都の62区市町村（23区＋26市＋5町＋8村）
回　答	31自治体　　協力（資料提供）：6自治体（回収率51.6％）
回答区市町村一覧	新宿区、墨田区、足立区、港区、中野区、豊島区、北区、中央区、江東区、世田谷区、大田区、板橋区、杉並区、立川市、あきる野市、東大和市、狛江市、清瀬市、日野市、調布市、羽村市、町田市、東久留米市、多摩市、国立市、八王子市、三宅村、利島村、御蔵島村、神津島村、青ヶ島村
調査方法	首長宛に調査票（紙、入力用ファイル入りのＵＳＢ、返送用封筒）を郵送にて配布し、返送していただく形で回収。要望に応じて、メールに入力用ファイルを添付して送信、メールにて回答をいただいた。
調査時期	2013年7月12日に調査票を発送後、8月31日までに返送いただいた。
調査項目	職種、雇用形態、資格ごとの人数、非正規職員の種類、非正規職員の任用根拠、労働条件、民間委託の業種、民間委託園の数など

図表2-2●「非正規保育者」アンケート調査の概要

調査対象	2013年9～11月時点で東京都の公立保育園に勤める、区・市に直接雇用された非正規職員（保育に従事するもの、看護師、調理師、用務員）
有効回答数	3632名
調査時期	2013年9～11月
調査地域（回収率）	文京区（79.0％）、墨田区（78.1％）、江東区（78.8％）、品川区（27.5％）、目黒区（44.3％）、世田谷区（84.2％）、足立区（96.2％）、豊島区（80.3％）、板橋区（55.5％）、国立市（78.0％）、その他の区市（大田区、練馬区、中野区、多摩市、東久留米市合わせて52.8％）
回収率	調査票の配布数：5510部　　回収率：65.1％
調査方法	労働組合を通じて調査票の配布を依頼し、各保育園の協力により非正規職員に手渡しで配布。記入用紙とともに配布した封筒に厳封の上、各職場で回収。
調査項目	非正規職員の属性、労働条件とそれに対する意識、保育という仕事に対する意識、職務内容や職務分担とそれに対する意識、など

非正規雇用化が進む公立保育園―全職員の５割弱が非正規保育者

図表2-3●正規職員数と非正規職員数の比率
（「自治体アンケート」）

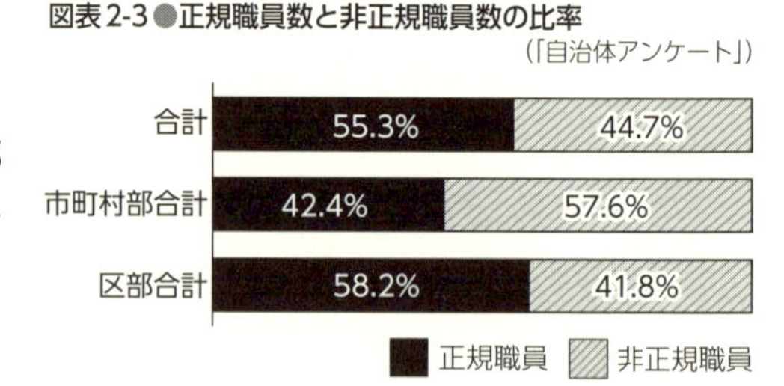

ここからは、調査でわかったことについて、詳しく見ていきましょう。まず、東京都の公立保育園には、どれほど非正規保育者が存在しているのかを確認しましょう。

「自治体アンケート」結果によると、東京都の公立保育園において、2013年４月時点の職員は16,478人（正規保育者、用務・調理・看護も含む）でした。そのうち、非正規保育者の割合は44.7％（7,366人）であり、区部が41.8％だったのに対し、市町村部は57.6％でした（図表2-3）。図表2-4は、非正規保育者の割合を自治体ごとに示したものです。自治体の名前はアルファベット表記のため、自治体の特定はできないようになっていますが、23区と市町村の傾向の違いがよくわかります。これを見ると、非正規保育者の割合が50％を超えるのは市町村部に多く、11自治体あります。非正規保育者の割合が60％台の自治体は３自治体、70％を超える自治体も存在することがわかります。人数の面からいうと、市町村部のほうが非正規雇用の割合が多いといえます。

次に、非正規保育者の勤務時間について見てみましょう。図表2-5は「自治体アンケート」でわかった、保育に従事する非正規保育者の勤務時間を示したものです。この表には、勤務時間がはっきりわからないケースも含まれていますが、大体の傾向はつかめます。図表2-5によると、保育に従事する非正規職員のうち、一日の勤務時間が７時間未満のものを合わせると、51.6％を占めています。特に、区部では７時間未満の間で働く非正規保育者を合わせると57.3％と多く、７時間以上勤務するものは9.2％に過ぎません。他方、市町村部では７時間未満の間で働く非正規保育者が合わせて35.5％、７時間以上勤務するものは40.1％になっており、７時間未満のパートタイマーを合

図表 2-4 ●自治体別正規職員数と非正規職員数（「自治体アンケート」）

自治体名	正規職員数	非正規職員数	職員数合計	非正規の比率
A区	311	166	477	34.8%
B区	419	291	710	41.0%
C区	659	647	1,306	49.5%
D区	312	280	592	47.3%
E区	437	265	702	37.7%
F区	476	290	766	37.9%
G区	540	460	1,000	46.0%
H区	272	126	398	31.7%
I区	652	432	1,084	39.9%
J区	1,071	994	2,065	48.1%
K区	1,050	535	1,585	33.8%
L区	879	364	1,243	29.3%
M区	755	775	1,530	**50.7%**
区部合計	7,833	5,625	13,458	41.8%

※非正規職員の比率＝非正規職員数／非正規職員数＋正規職員数で算出した
※非正規職員の比率が50％を超える場合は太字にしている

自治体名	正規職員数	非正規職員数	職員数合計	非正規の比率
A市	181	230	411	**56.0%**
B市	15	30	45	**66.7%**
C市	21	12	33	36.4%
D市	98	130	228	**57.0%**
E市	79	104	183	**56.8%**
F市	176	281	457	**61.5%**
G市	158	128	286	44.8%
H市	20	34	54	**63.0%**
I市	124	301	425	**70.8%**
J市	37	51	88	**58.0%**
K市	121	178	299	**59.5%**
L市	76	98	174	**56.3%**
M市	152	159	311	**51.1%**
A村	6	4	10	40.0%
B村	5	1	6	16.7%
C村	5	0	5	0.0%
D村	2	0	2	0.0%
F村	3	0	3	0.0%
市町村部合計	1,279	1,741	3,020	57.6%

図表 2-5 ● 1 日の勤務時間別非正規保育者数（「自治体アンケート」）

		4時間未満	4～7時間未満	7時間以上	分類不可能	合　計
区　部	度数	745	1755	402	1467	4369
	%	17.1	40.2	9.2	33.6	100.0
市町村部	度数	272	273	615	373	1533
	%	17.7	17.8	40.1	24.3	100.0
合　計	度数	1017	2028	1017	1840	5902
	%	17.2	34.4	17.2	31.2	100

※「分類不可能」とは勤務時間ごとに職員数が把握されていないケースである
※任期付職員の335人のデータを除いている
※保育に従事する職員のみのデータである

わせた人数と、正規保育者と労働時間が匹敵するフルタイム型の非正規保育者の人数がだいたい半々ずつとなっています。

勤務時間について、「非正規保育者アンケート」の結果も見てみると、一日あたりの勤務時間が「3～5時間未満」と回答したものが最も多く46.2％となっており、5時間未満を合わせると65.9％でした（図表2-6）。図表2-2でも示しましたが、「非正規保育者アンケート」は、回答者が区部に偏っています。ですので、特に23区の公立保育園の非正規雇用化の特徴は、パートタイマーが多くを占めるといえます。

図表2-6●週あたりの勤務時間（「非正規保育者アンケート」）

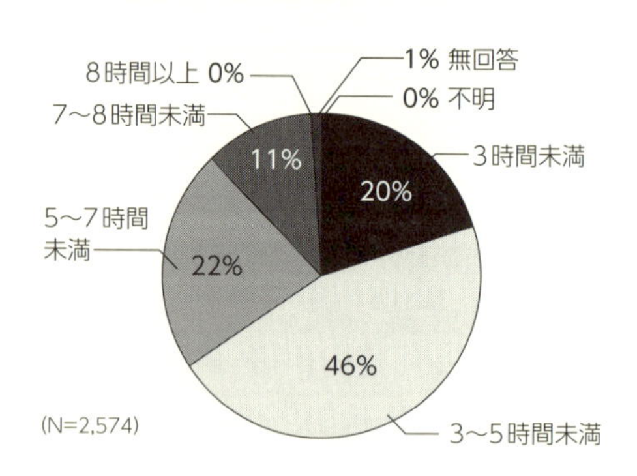

まとめると、23区では、正規保育者の数が非正規保育者の数を上回っており、非正規保育者の中では1日7時間未満のパートタイムで働くものの割合が多いということです。他方、市町村部では、非正規保育者が占める人数の割合が多く、労働時間も正規保育者に匹敵する非正規保育者が多くなっています。つまり、市町村部では労働時間の面で、実質的に正規保育者から非正規保育者への置き換えが進行しているといえます。以上のことから、23区の非正規保育者は、第1章で言われたところの保育補助型、市町村部では正規保育者置換型が多いことが予想されます。保育補助型か、正規保育者置換型かという点については、p.46以降でさらに詳しく検討します。

非正規保育者にはどんな人が多いの？

ここからは、「非正規保育者アンケート」を中心に、非正規保育者のうち、保育に従事する方に絞って、見ていきます。「非正規保育者アンケート」において、非正規保育者の年齢構成は、60歳以上が最も多く、22%を占めます。それに続くのが、50〜54歳で17%、次に多かったのが、55〜59歳で16%でした。50歳以上を合わせると55.6%、40歳以上を合わせると80.5%を占めます（図表2-7）。また、性別は女性が98.1%でした（図表は省略）。非正規保育者のうち、結婚して配偶者とのカップルを中心に家族を構成しているのは全体のうち71.9%を占めており、既婚者のうちで、最も回答者が多かったのは「配偶者＋子どもと同居」で、全体の49.1%でした（図表2-8）。

図表2-7●非正規保育者の年齢（「非正規保育者アンケート」）

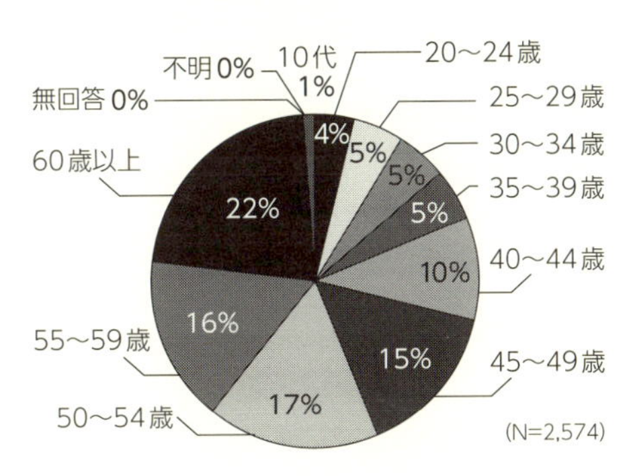

図表2-9は、「非正規職員という働き方を選んだ理由は何ですか」に対する

図表2-8●既婚者の世帯構成（「非正規保育者アンケート」）

	度　数	パーセント	累積パーセント
配偶者と同居	410	15.9	15.9
配偶者＋子どもと同居	1,265	49.1	65.1
配偶者＋子ども＋親・兄弟と同居	175	6.8	71.9
その他	68	2.6	74.5
無回答	21	0.8	75.3
不明	19	0.7	76.1
非該当	616	23.9	100.0
合　計	2,574	100.0	

※累計パーセントとは、パーセントの値を積み重ねた値である

回答を示しています。これを見ると、「自分の都合の良い時間等で働ける」が38.3%で最も多くなっています。また、3番目に多いのは、「非課税限度額の範囲内で働けるから」という回答で、10.7%です。先ほど、非正規保育者にはパートタイムで働く者が多いということを確認しました。以上のことから、東京都の公立保育園で働く非正規保育者の多くは、女性で、夫婦を核に

した世帯を形成しており、年齢構成は、ライフサイクルのなかでは子育て中、ないしは子育てが終わったあとの、一般的に子育てや家事の責任が重いと言われている世代がその中心であると言えます。自分の生活と両立できる勤務時間で働きながら、保育士としての資格や経験を生かしたいと希望する女性が多いと考えられます。

他方、「正規職員になることが難しいから」が22.9%を占めていることも見

図表2-9●非正規雇用を選んだ理由（「非正規保育者アンケート」） (N=2,574)

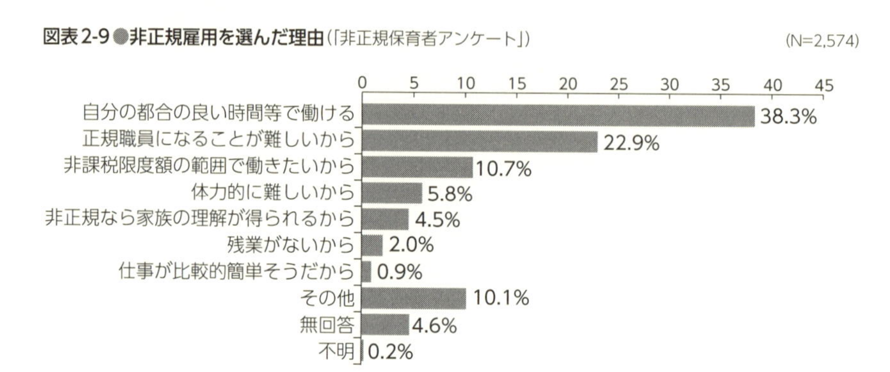

図表2-10●年齢別にみた非正規雇用を選んだ理由（「非正規保育者アンケート」） (N=2,574)

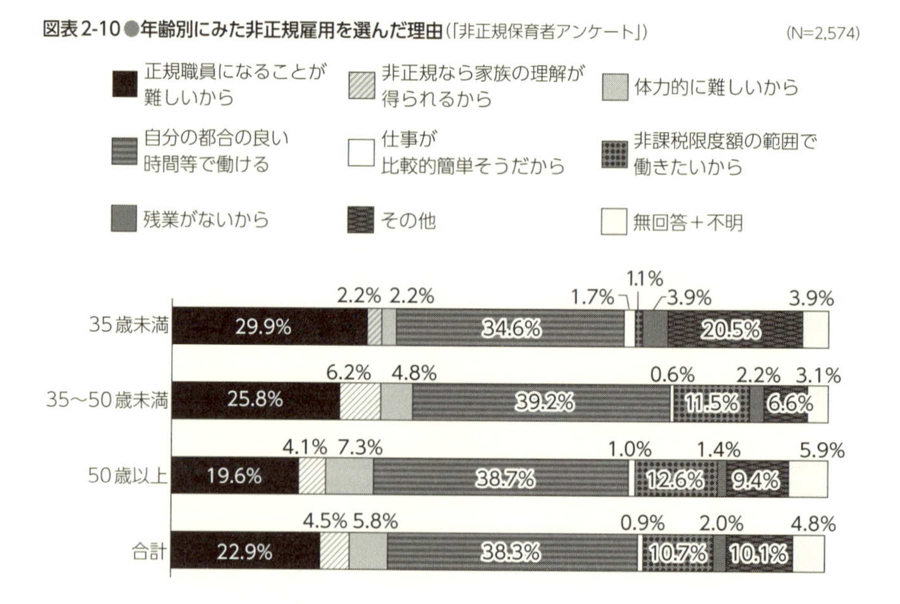

逃せません。図表2-10を見ると、特に35歳未満の若い世代の29.9％と、ほぼ3割がここを選択しており、若い世代ほど、正規保育者として働く希望を持っていると予想されます。

なお、「自治体アンケート」によると、非正規保育者のうち、無資格の非正規保育者は67.1％であり、資格を有していない保育者の方が多いことがわかりました（図表2-11）。

図表2-11●資格の有無（「自治体アンケート」）

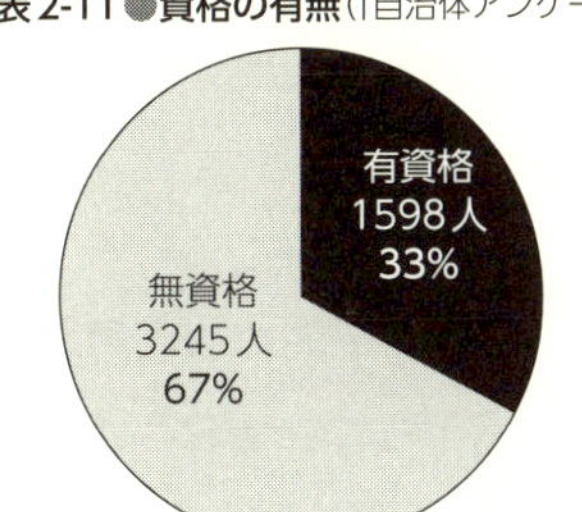

※資格の内訳が無回答であった1,058人を除外して集計

1 非正規保育者の賃金と雇用形態、雇用不安

1 単身では生活が苦しい賃金水準

交通費の支給がない自治体も

続いて、非正規保育者の賃金をはじめとする労働条件についてみていきましょう。ただし、さきほど確認したように、東京都の、特に23区の公立保育園の非正規化の特徴は、パートタイマーが多数を占めているという点であり、労働条件、特に賃金の水準を評価する場合にはこのことに注意しなくてはなりません。

まず、「自治体アンケート」の結果によると、非正規保育者の賃金は大きく時給と月給の二種類で支給されています。賃金が時給で支給されている保育者は61％、月給では36％でした。時給額の範囲は最低額が900円、最高額が1,690円で、平均時給額は1,125円でした。これらは、一見高い水準であるように思えますが、勤務時間の長短、勤務時間帯や資格の有無によって大きな幅が設けられています。また、「自治体アンケート」において、基本給以外の賃金について聞いたところ、一時金が支給されている自治体は非常に少なく４市のみであり、いずれも勤務時間が長い非正規保育者が比較的多く存在する市部に集中していることがわかりました。また、交通費が支給されていない自治体が８区市町村ありました。なお、経験や勤続年数をもとに保育技能の向上を評価する、経験給ないしは昇給の制度がある自治体は、２区市でした。諸手当てだけでなく交通費の支給がない自治体も存在することがわかりました。

年収200万円未満の「官製ワーキングプア」

「非正規保育者アンケート」において、昨年の総収入（税込）を尋ねた設問では、回答の構成比が年収200万円未満を合わせると83.5％、300万円未満では92.3％でした（図表2-12）。

図表2-12●昨年の総収入（「非正規保育者アンケート」）

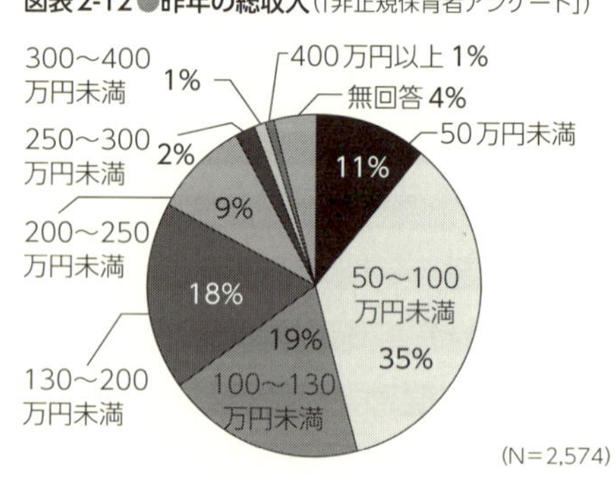

（N＝2,574）

それでは、非正規保育者は、自分の収入をどんなことに充てているのでしょうか。「あなたの収入の主たる使い道は何ですか」という質問に対して、「生活費の補助」と回答した人が最も多く、53.6％でした（図表2-13）。

先ほど確認したように、多くの非正規保育者は、家庭責任が重いと言われている世代がその中心で、パートタイムで働いている方が多いので、家計を補助する目的で収入を得ているということです。しかし、「収入の使い道」を年齢階層別に検討すると、35歳未満のうち39.2％が「生活費の主要な部分」

図表2-13●年齢構成と収入の使い道の関連（「非正規保育者アンケート」）

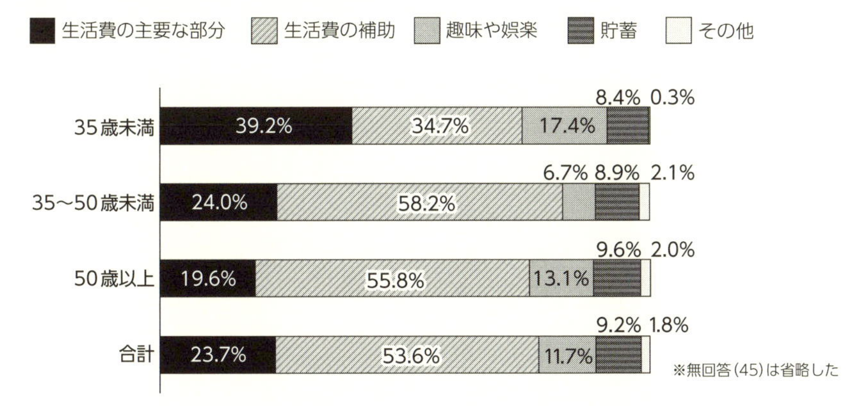

と回答していることは見逃せません。年収200万円未満が多数を占める非正規保育者の賃金は、決して単独で十分に生計を立てられるような水準ではありません。このような中、21.0％が仕事のかけもちをしていることがわかりました（図表2-14）。このアンケートでは、仕事のかけもちをしている理由については聞いていませんが、仕事のかけもちをして収入を補っていると考えられます。

図表2-14●仕事の掛け持ち
（「非正規保育者アンケート」）

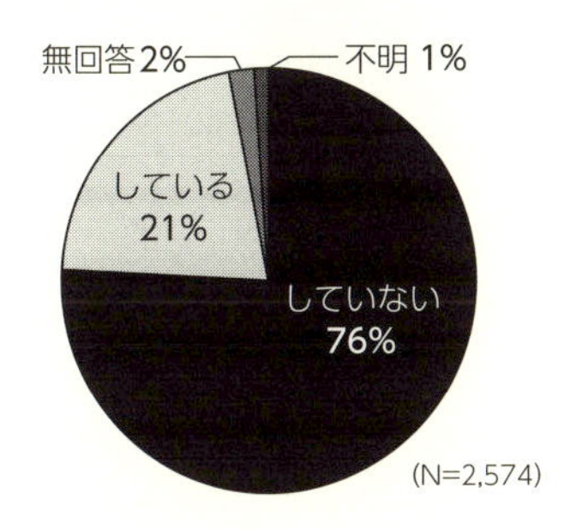

ここに、自由記述欄に見られた、生活の苦しさを訴える切実な声をご紹介します。

◉こんな仕事じゃ男の場合生活できない。給料上がらなければ将来もない。ただ今から転職なんてどこも雇ってくれないし、振られたサイコロに乗って生活していくしかない。　　　　（男性、20～24歳、1～3年未満、朝夕保育補助）

◉この仕事の給与のみで生活しているので金銭面での悩みが多い･･･。賃金や条

件などが上がってほしい。　　　　（女性、35～39歳、３～10年未満、無回答）

◉仕事は楽しく働かせていただいていますが、賃金が安いため生活していく上で、だいぶ厳しい状況です。15万ほどもらっていますが、年金や所得税などひかれてしまうので、結局は13万と少ししか手元に残りません。アンケートを書くたびにこの賃金についてのことを書かせていただいていますが、変わらないです。難しい問題だと思いますが、少しでも良い方向に考えていただくとありがたいです。　　　　（女性、25～29歳、３～10年未満、朝夕保育補助）

2 非正規保育者の雇用期間と雇用不安

非正規保育者の雇用期間と更新回数制限

次に、非正規保育者の雇用の安定の度合いについて見ていきましょう。公立保育園で働く非正規職員は、通常地方公務員法に基づいて雇用されています。法律では、非正規職員が従事する業務は長期間存続するものではなく、臨時的なものに限定される、とされています。しかし、実際に非正規職員の担当している業務は、恒常的に存在する業務を多数含んでいるという問題があります。

東京都内の自治体の公立保育園には地方公務員法の３条３項３号という条文によって採用された「非常勤職員」と呼ばれる非正規職員が多いのですが、「自治体アンケート」によると、この職員は、すべて１年という期限付き雇用となっています。他方、22条に基づく非正規職員の多くは６カ月の雇用期間が設定されています[(1)]（82％）が、なかには２カ月（５％）、３カ月（３％）という自治体も見られます。また、非正規職員の雇用期間の更新回数が限定されている自治体もあります。３条３項３号に基づいて雇用された方のうち、９回までとしているのが１市、５回としているのが１区、４回までとしているのが11区市、２回までとしているのが１市（実質延長有とのこと）でした。また、22条に基づく職員しか採用していないけれども、更新回数を１回としている自治体も２市見られました。

雇用期間が一度終了したら続けて働けないケースも

地方自治体が地方公務員法22条に基づいて職員を雇用する場合、雇用期間を半年間と厳しく定め、同じ人を再度雇用する場合には一定期間のブランクを置く、という慣行がある自治体が多く存在しています。そういった場合、非正規職員は、１年働いた後、数カ月のブランクを置き、再び雇用されるということを繰り返しながら数年以上働き続けるという、非常に不安定な雇用を強いられていることになるのです。この、雇用期間終了後に再び働くまでの中断期間について、「非正規保育者アンケート」によると、「中断期間はない」という回答が28.1％、「１カ月」という回答が12％、「半年以上」という回答が「4.3％」となっています(2)（表2-15）。

図表2-15●雇用期間終了後再び働くまでの中断期間（「非正規保育者アンケート」）

	度数	パーセント	非該当を除く％
中断期間はない	615	23.9	28.1
1日	6	0.2	0.3
1週間	1	0.0	0.0
1カ月	264	10.3	12.0
半年以上	95	3.7	4.3
雇用期間が終わったら働けない	57	2.2	2.6
わからない	977	38.0	44.6
その他	60	2.3	2.7
無回答	115	4.5	5.2
不明	2	0.1	0.1
非該当	382	14.8	
合　計	2,574	100.0	

◉私の場合、就業するときは半年契約で、同じ自治体で働く場合、半年間の中断期間が必要でした。半年就業した後、同じ自治体内の保育園で求人があれば紹介してくれ、最長は合計１年間ということでした。…（中略）…非正規で働く側としても半年（もしくは１年）で契約が終わってしまうのはとても働きづらい状況です。[半年後にお願い］と言われても中断期間の間、あそんで暮らせるほど余裕はありません。保険なども半年ごとに加入や脱退の手続きが必要になります。朝夕の保育補助員は同じ職場で長く働いている方たちばかりで、仕事に慣れていて、スムーズにできているようです。非正規職員の短期契約をなくしてほしいです。　　　　（女性、50〜54歳、半年未満、日中保育補助）

◉市の決まりで半年雇用で（有給・ボーナスを出さないため）半年働いたら１カ月休みをとらなければいけない。休むといったん退職になるので保険の手続き、年金などすべてやりなおし、１カ月分社会保険から国民健康保険へ納めることがものすごく大変です。

（女性、30〜34歳、１〜３年未満、産休・育休代替）

非正規保育者の雇用不安

以上のように、公立保育園で働くすべての非正規保育者は、１年未満の雇用期間が定められています。他方、「非正規保育者アンケート」において、非正規保育者の勤続年数を見ると、「３〜10年未満」と回答した人が39.2%と、最も多くの割合を占めていることがわかりました。次に多くの割合を占めるのが、「10年以上」という回答で、26%です（図表2-16)。ここから、全体の４分の１の保育者が、雇用期間を更新して、10年以上継続して働いていることがわかります。

また、雇用継続の意思を聞いた質問の結果をみると「期間終了後も働ける限り働きたい」との回答が62%を占めています。「数年は働きたい」という回

図表2-16●勤続年数
（「非正規保育者アンケート」）

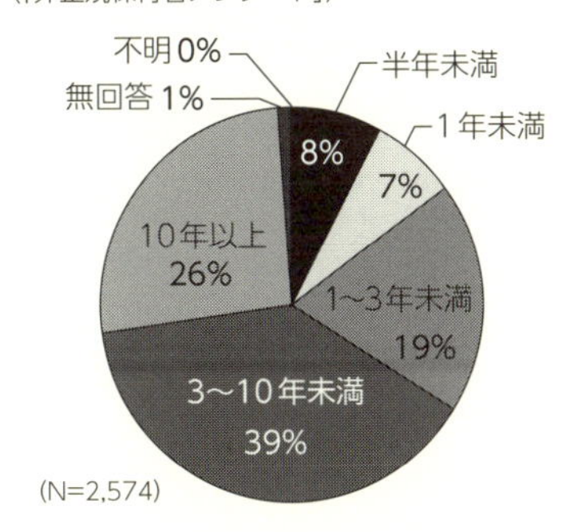

図表2-17●雇用継続の意思
（「非正規保育者アンケート」）

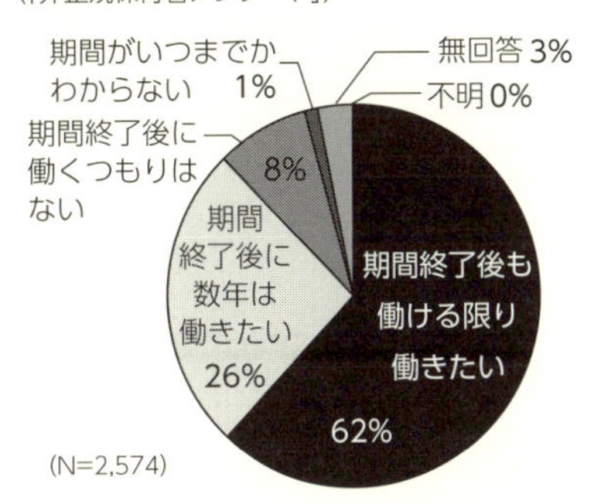

図表2-18●雇用が更新されない不安（「非正規保育者アンケート」）

	度 数	パーセント	非該当を除く%
不安はない	424	16.5	19.3
やや不安	681	26.5	31.1
不安	431	16.7	19.7
大変不安	273	10.6	12.5
どちらともいえない	335	13.0	15.3
無回答	48	1.9	2.2
非該当	382	14.8	
合 計	2574	100.0	

答とあわせると、88%にものぼります（図表2-17）。そのようななかで、雇用契約が更新されなくなる不安を感じているかどうかを聞いたところ、「やや不安」との回答が31.1%で最も多く、「やや不安」「不安」「大変不安」を合わせると63.3%になりました（図表2-18）。

◉非常勤として働き始めて３年目、年休もあるが、正規職員の方が優先で他の非常勤の方と重ならないように調整しなくてはならない等、希望通り休めないことも･･･。任期も1年で毎年履歴書を提出し面談そして雇用が決定する。万が一雇用が切られてしまうという不安はいつも持っているし、異動も不安の一つ

である。　（女性、44～49歳、１～３年未満、日中保育補助・朝夕保育補助）

◉非常勤職員としての任用期間は１年間なので毎年12月になると新たに履歴書を書いて１月に面接を受け、結果が出るのは２月末です。毎年どこに採用してもらえるのか不安です。また、どこの園に行くかも不安です。

（女性、50～54歳、３～10年未満、日中保育補助）

賃金アップと安定雇用が非正規保育者の願い

先ほど確認したように、東京都の公立保育園における非正規雇用の保育者は、単身では生活が苦しい賃金水準で、かつ雇用が非常に不安定な状況で勤務しています。「非正規保育者アンケート」で、「賃金労働条件について改善したいことは何ですか？」という質問に対して、もっとも多かったのは「ボーナス支給、退職金の導入・改善」という回答で43.2%、続いて、「賃金引き上げ」という回答が33.9%、「安定雇用」が24%でした（図表2-19）。

図表2-19●賃金・労働条件に対する要求（「非正規保育者アンケート」）

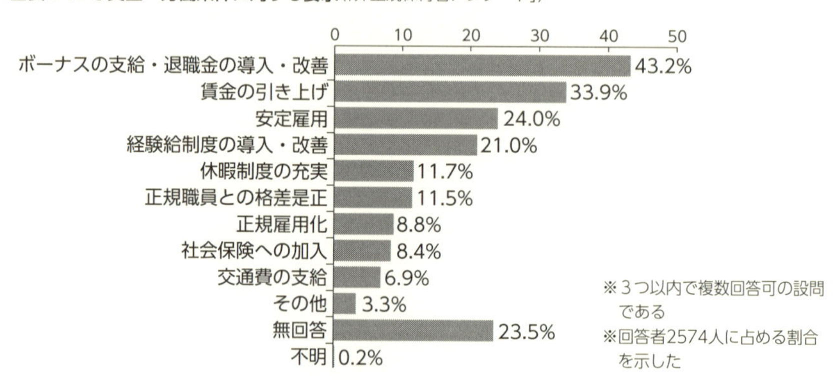

2 非正規保育者のストレスと疲労

次に、非正規保育者のストレスと疲労の実態についてみていきます。

保育者に限らず、労働者には健康に労働し、生活する権利があります。しかし、今回の調査では、非正規保育者がある程度の疲労やストレスを抱えており、健康や生活に何らかの問題を抱えていることが明らかになりました。実際にはどのような実態なのか、明らかになった点をみていくことにしましょう。

1 非正規保育者の疲れ

疲労を感じている非正規保育者

これまで確認したように、非正規保育者の多くはパートタイムで働いています。短時間しか働いていない非正規保育者はストレスや疲労を抱えているの？　と疑問に思う人もいるかもしれません。しかし、「保育園の仕事で身体の疲れはどの程度ですか」という質問に対して、「とても疲れている」「やや疲れている」という回答を合わせると60.1％でした。逆に「あまり疲れない」「疲れない」と回答した人は合わ

図表2-20●疲れの程度（「非正規保育者アンケート」）

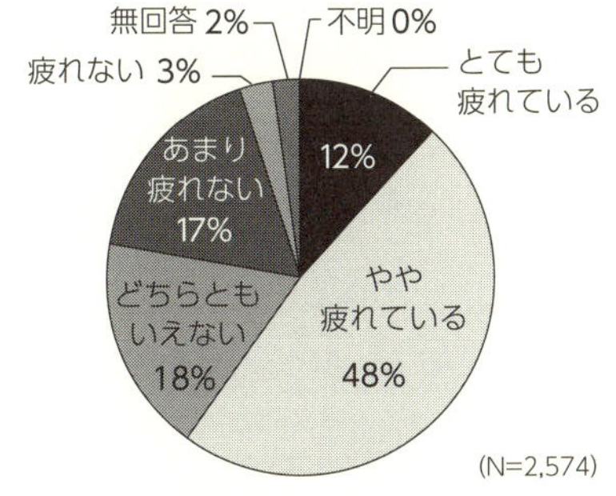

(N=2,574)

せて19.8%しか存在しません（図表2-20）。半数を超える６割にのぼる非正規保育者が疲れを感じていることになります。

慢性化する疲れ

それでは、疲れの回復の仕方をみてみましょう。図表2-21は、「とても疲れている」「やや疲れている」と回答した方に、疲労回復について聞いたものです。「いつも前日の疲れを持ち越している」12.8%、「前日の疲れを持ち越すことがときどきある」51.4%で、合わせて64.2%の非正規保育者が翌日に疲れを持ち越して、疲労回復を上手にできていない実態があります。

図表2-21●疲れの回復の程度

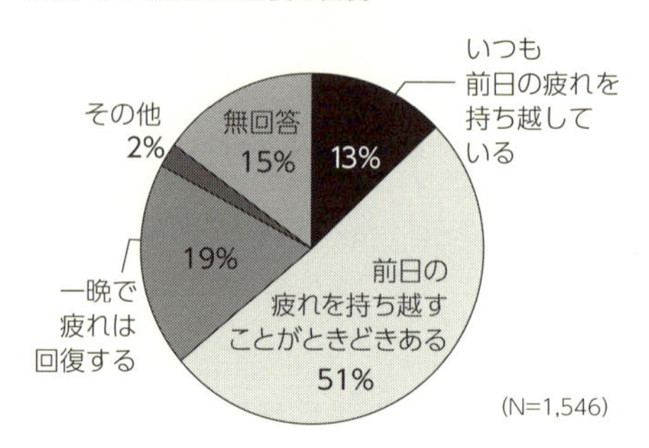

※「とても疲れている」「やや疲れている」と回答した方のみのデータである

では、どのような疲れを感じているのでしょうか。

図表2-22は、疲れを感じている箇所を聞いたものです。この回答結果をみると、「腰・背中」が30.7%と一番多く、次に「身体が全体的に疲れる」

図表2-22●疲れる箇所（「非正規保育者アンケート」）

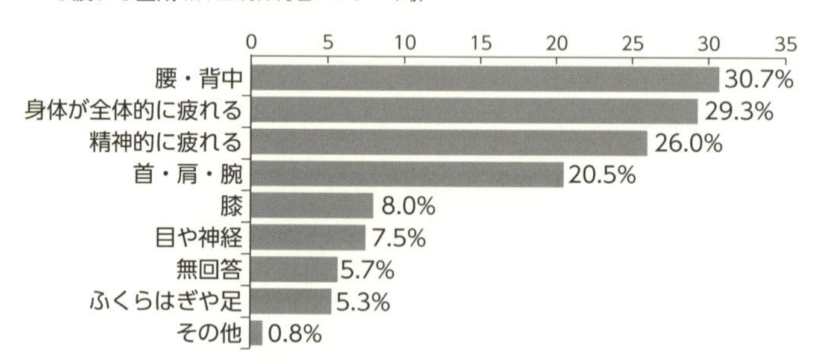

※「とても疲れている」「やや疲れている」と回答した方の３つ以内で複数回答可の設問である
※回答者1,546人に占める割合を示した

29.3％と続いています。また、「精神的に疲れる」が26.0％と３番目となっています。

以下に、アンケートの自由記述欄の記述にみられた意見や聞き取り内容で、疲労について特徴的なものを紹介します。

◉雑務が多すぎる。全園児（ゼロ才、12名）のおむつ交換を一人でやるのは辛い。15日勤務とのことで、Ｗワークも考えましたが、保育園での15日が疲れすぎてもう一つする体力的自信がない。また、○区は保育園関係の仕事のみ（Ｗワークする場合）という制約があります。腰痛が悪化するのでは？　と思うとできない（同じ園で18～20日勤務するのとはわけが違う）。平日、曜日が不規則なので、（土）（日）（祝）の仕事で探さないといけないが保育関係でと限定されるとない!!　公立保育園で保育補助の仕事について（非常勤）20年（※途中2年半正規）になります。年々待遇は悪くなり今更新しい仕事をする勇気はなく、腰痛を抱えつつ働いています。（女性、35～39歳、10年以上、産休・育休代替）

◉保育の仕事はやりがいのあるものだと思っていますし、この仕事に就きたい方もいると思います。しかし、この仕事に就くにあたってよく言われるのは身体を壊すから注意したほうがよいということです。確かに、正座・中腰や子どもを抱える等の動きが多く、腰やひざを痛める方も多いと思います。それによって日常的に整体等に通っている方も多いです。そのような身体を酷使する部分では正職員の方と変わりません。

（女性、50～54歳、１～３年未満、障害児保育）

2 非正規保育者の抱えるストレス

次に非正規保育者の抱えているストレスの状態について見ていきます。

今回の調査では、どのようなことにストレスを感じているのかを、子ども、保護者、人間関係、労働条件の４つに分けて聞きました。

図表2-23●非正規保育者のストレス（「非正規保育者アンケート」）　（※それぞれN=2,574）

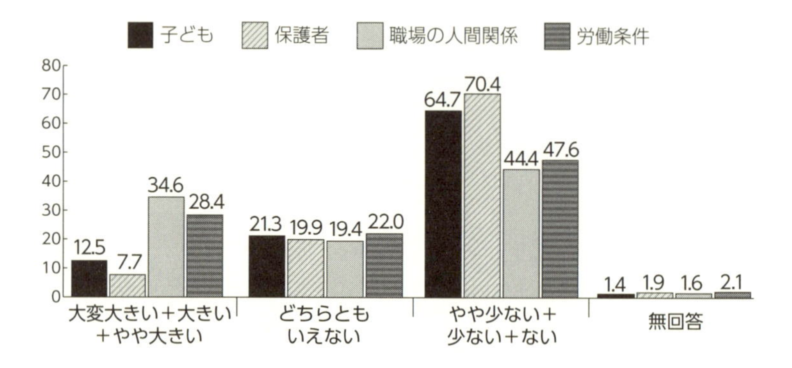

ストレスの内容

図表2-23は、４つのストレスについて聞いた結果です。

子どもとの関係で、ストレスを感じているのが「大変大きい」「大きい」「やや大きい」を合わせると、12.5％の非正規保育者が子どもとの関係で何らかのストレスを抱えている状態です。逆に「ない」「少ない」「やや少ない」を合わせると64.7％にのぼります。子どもとの関係では、６割以上の非正規保育者はストレスを感じてはいません。

また、保護者との関係では、ストレスを感じているのが「大変大きい」「大きい」「やや大きい」を合わせると7.7％となります。逆に「ない」「少ない」「やや少ない」を合わせると、70.4%となります。これは、のちほど説明しますが、保護者に対応する非正規保育者が少ないためだと考えられます。

次に、職場の人間関係とストレスの関係ですが、合わせて34.6%の非正規保育者が、職場で何らかの人間関係のストレスを抱えています。逆に「ない」「少ない」「やや少ない」を合わせると44.4%となります。3割強がストレスを感じている状態を、少ないとみるのか、それとも多いとみるのかは考える必要があることです。保育の現場では、たとえ雇用条件が正規と非正規とで違いがあったとしても、お互いをよく理解し合い、子どもたちのために最大限の保育保障をおこなっていくために、民主的に手を取り合った保育者集団がかかせません。3割強の非正規保育者が人間関係にストレスを感じている実態は、少なくとも子どもたちに寄り添った保育者集団を形成していくうえで、困難が生じている実態があると推測させます。

最後に労働条件のストレスが、「大変大きい」「大きい」「やや大きい」との回答を合わせると28.4%と3割近くになります。「ない」「少ない」「やや少ない」を合わせると47.6%です。

ストレスと年齢構成

労働条件に関する非正規保育者のストレスについて、年齢別にみてみると、「大変大きい」「大きい」「やや大きい」を合わせて、35歳未満では33.2%です。35〜50歳未満では31.6%です。50歳以上は25.2%となります。ここでは、年齢が低いほど、労働条件に対するストレスが大きいことがわかります（図表2-24）。

以上、非正規保育者の疲労とストレスの調査結果をみてきました。その結果、パートタイム勤務であったとしても、相応の疲労を感じている非正規保育者が多いことがわかりました。また、非正規保育者は、職場の人間関係と労働条件で、ある程度ストレスを感じていることがわかりました。

図表2-24●年齢と労働条件ストレスとの関係(「非正規保育者アンケート」)

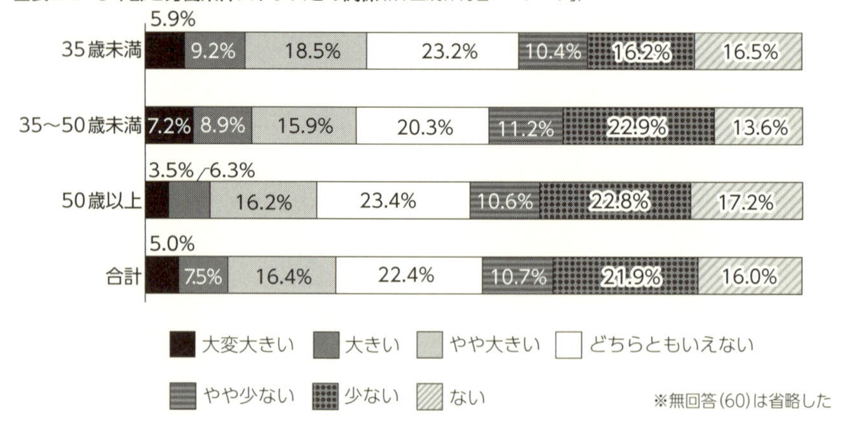

3 保育園での仕事の分担と仲間

この調査をおこなった目的には、東京都の公立保育園で働く非正規保育者のみなさんの賃金などの労働条件や生活の状況について調べることのほかに、もう一つの大きなテーマがありました。それは、保育者のチームワークと保育の質の問題です。当然のことですが、保育はチームでおこなうものです。非正規保育者が増加した今日の保育園では、同じチームの中に、賃金や雇用の安定などの条件が大きく異なる職員が、バラバラの時間帯に入れ替わり立ち替わり、一緒に働いているという状況になっています。このような状況では、たとえ同じ保育園で働く仲間であっても、意識を交流・共有する機会が持たれなければ、いいチームワークができるはずがありません。正規保育者、非正規保育者の立場や働き方を超えて、意志疎通や情報共有がしっかりできているのか、という問題は、保育の質を考えるにあたってとても重要な問題です。この点を明らかにしたいというのも、調査の目的の一つでした。

また、東京都の公立保育園の非正規保育者には、無資格の方も多く、「保育補助」と呼ばれています。そういった扱いによって、「補助」だから低賃金でもよい、「補助」だから専門的な知識も必要なく、研修もなくていいという考え方が存在すると考えられます。しかし、本当に非正規保育者の方たちの役割は、専門的知識がなくても十分役割が果たせるものなのだろうか、ということも明らかにしたいという思いがありました。そこで、調査では、非正規保育者のみなさんが果たしている役割や、仕事をするなかでの意識についてお聞きしました。

1 「保育補助」という位置づけの非正規保育者

それでは、東京都の公立保育園で働く非正規保育者は、どのような役割と位置付けられているのか、正規雇用と非正規雇用が混在する保育者集団のあり方はどのようになっているのか、について詳しく見ていきましょう。

自治体はどんな理由で非正規保育者を必要としているの？

「自治体アンケート」では、自治体がどのような理由で非正規保育者を保育園に配置しているのかを質問しています。図表2-25は、非正規保育者の配置の理由として記述されたもののうち、17種類の内容にまとめて一覧にしたものです。これを見ると、①「午睡対応」「土曜日対応」「朝、夕、延長の時間帯で園児数が多い園での補助要員」など、１日ないしは１週間の保育園の業務のうち一部にかかわるもの、②「障がい児、特別支援児対応」など一部の子どもにかかわるもの、③「ゼロ才児保育」「２階建て等保育の補助」など、日中の中心時間帯で子どもの保育にかかわるもの、④正規保育者の欠員時に一時的に代替するもの、という４つの理由に分けることができますが、①②にまとめられる多くは正規保育者の労働負担が増加する状況において、補助的な役割を期待するものです。以上のことから、自治体は、非正規保育者に対して、正規保育者の補助的業務を担うことを期待していると考えられます。

図表2-25●非正規保育者配置の理由（「非正規保育者アンケート」）

1	ゼロ才児保育の充実のため配置
2	病後児保育業務等の円滑な運営のために配置
3	朝・夕・延長の時間帯で園児数が多い園への補助要員
4	正規職員の週休2日制による、出勤ローテーションを緩和するため
5	育児休暇等を取得している職員の代替として配置
6	２階建て等保育の補助
7	正規職員の補充分や代替などでフルタイムに近い要員として
8	障がい児、特別支援児対応
9	職員の休憩、休暇対応要員として配置
10	正規補助
11	クラス担任保育士
12	午睡対応
13	土曜日対応
14	一時保育対応
15	日中の保育対応
16	配置基準保育士として
17	施設環境整備対応

※地方公務員法3条3項3号任用の非正規職員の任用根拠を抽出。
※垣内国光研究室（2014）、『東京都の公立保育園における非正規職員の実態調査報告書』13ページを一部修正

非正規保育者のまかされる仕事は正規保育者の「補助」

それでは実際のところ、非正規保育者はどのような仕事を担当しているのでしょうか。図表2-26は、「あなたの仕事内容は、正規職員とどの程度同じだと感じていますか」という質問の回答を、一日の勤務時間別に示しています。仕事内容が「一部同じ」との回答が、どの勤務時間階層でも最も多くを占めるものの、勤務時間が短い階層ほど、「異なる」という回答が多くなっています。また、勤務時間が７時間以上と、フルタイム勤務に近い非正規保育者であっても、30.9％が「異なる」と回答していることがわかります。

次に、図表2-27は、「あなたの仕事について、自分の判断で処理できる範

図表2-26●一日の勤務時間別にみた正規保育者との仕事の内容の差異（「非正規保育者アンケート」）

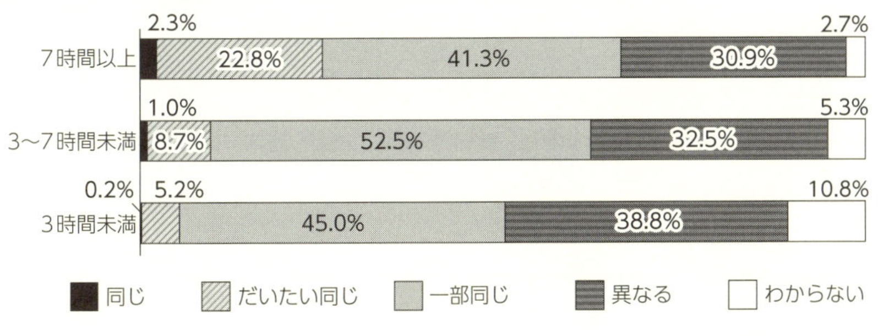

※無回答（28）は省略した

図表2-27●仕事の判断処理範囲
（「非正規保育者アンケート」）

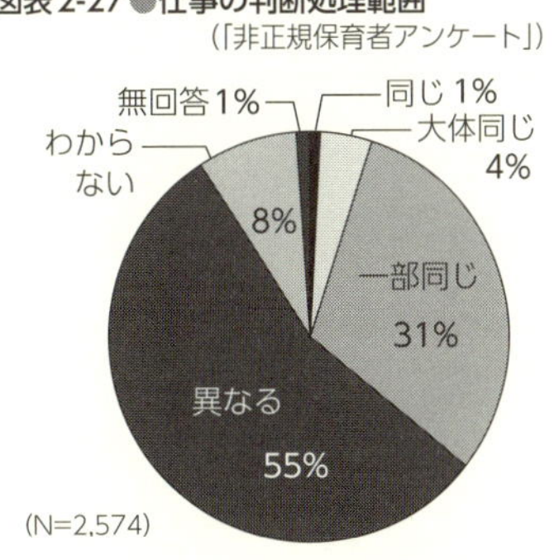

囲は正規職員とどの程度同じだと感じていますか」という質問の回答を示したものです。これによれば、自分の判断で処理できる範囲は「異なる」が最も多く54.9%を占め、それに続くのが「一部同じ」で30.7%となっています。他方「同じ」と「大体同じ」を合わせても5.2%にすぎません。ここから、非正規保育者は、自分の仕事について判断できる範囲は、正規保育者とは違うと考えていることがわかります。以上のことから、非正規保育者は、正規保育者とは担当する仕事が異なり、自らの判断ではなく、正規保育者の判断に従って仕事をしている範囲が大きいのではないかと予想されます。

非正規保育者が具体的にどのような仕事をしているのか、もう少し踏み込んでみましょう。「非正規保育者アンケート」において、「直接保育にあたる以外に、あなたが担当している職務について、該当する番号をすべてお答えください」という質問をしました（図表2-28）。これをみると、「清掃」が65.2%、「作り物」（製作）が58.0%、「保育準備」が40.9%となっている一方、「連絡帳記入」が12.5%、保護者への対応が8.5%となっています。

他方、保育者たちは職務遂行にあたって、子どもたちの課題を共有し、段

図表 2-28●保育以外に担当する職務内容（「非正規保育者アンケート」）

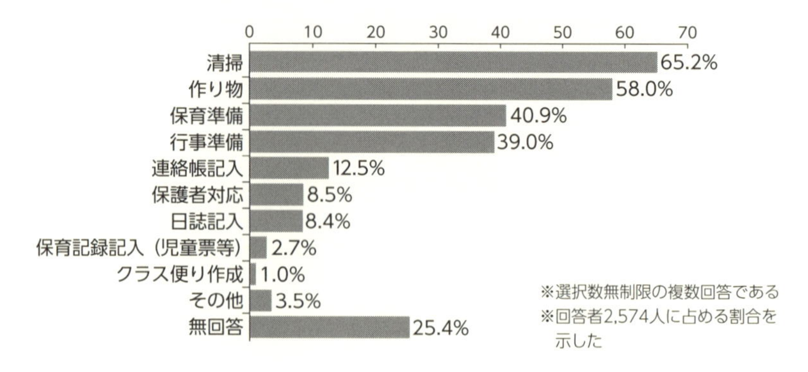

職務内容	%
清掃	65.2%
作り物	58.0%
保育準備	40.9%
行事準備	39.0%
連絡帳記入	12.5%
保護者対応	8.5%
日誌記入	8.4%
保育記録記入（児童票等）	2.7%
クラス便り作成	1.0%
その他	3.5%
無回答	25.4%

※選択数無制限の複数回答である
※回答者2,574人に占める割合を示した

取りや方針を決定し、日常的に情報交換や打ち合わせをおこなう必要があります。その点についてはどうでしょうか。図表2-29は、「あなたは、月案・週案など、保育計画の作成にかかわることがありますか」という質問に対する回答、図表2-30は、「あなたは職場のどのような打ち合わせ・会議に参加しますか」という質問に対する回答（複数回答）について示したものです。それぞれ、保育計画の作成に「とくにかかわらない」が最も多く69.0％で、「会議にはかかわらない」が63.0％と最も多くなっていることから、非正規保育士の6～7割が、保育計画や打ち合

図表 2-29●保育計画の作成への関与（「非正規保育者アンケート」）

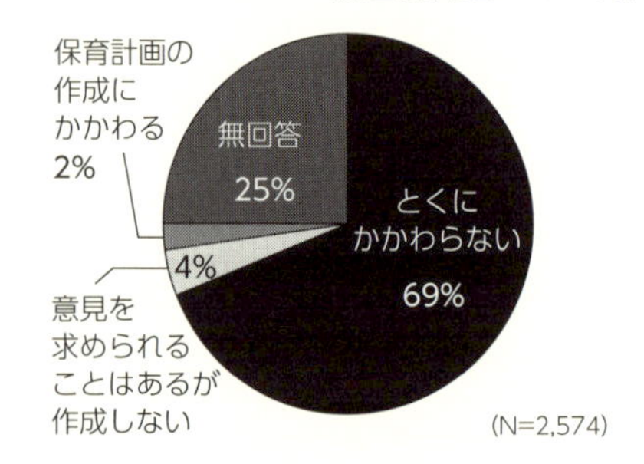

図表 2-30●参加する会議（「非正規保育者アンケート」）

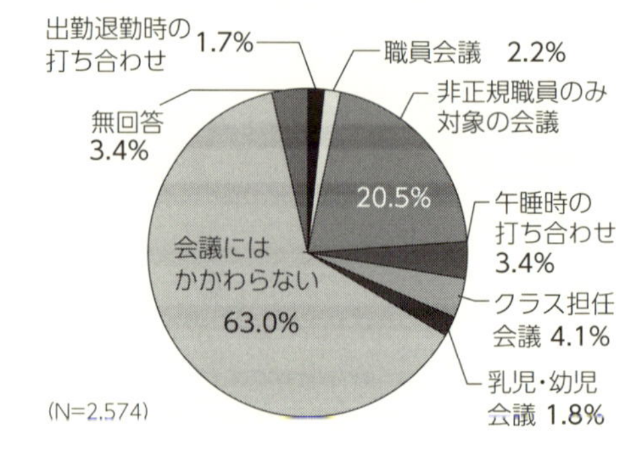

わせ・会議にかかわっていないことがわかります。

それでは、非正規保育者のみなさんは、職場内での自分の担当する仕事について、どのように感じているのでしょうか。次に、アンケートの自由記述欄の記述にみられた意見で特徴的なものを紹介します。

◉正規の先生方が保育に専念できるように出過ぎず、引っ込み過ぎず雑用を完璧にこなすのが、保育補助（パート）の仕事と感じる。もちろん日々子どもたちとかかわることもたくさんあるし、「パートの方は大切な戦力なので居ないと私たちの仕事は終わらない」と言ってくださるが、実際のところ乗り物（バス・電車）を使う遠足には一緒に行けない・行事では目立たないように隅っこで応援・子どもたちについてもまったく情報がない。例えば、母子家庭であったりした場合、知っていればことばかけなど配慮することもできるが、いろいろなことをきっとこうなんだろうなぁという推察の中で行動するしかない。

（女性、45～49歳、勤続年数１～３年未満、日中保育補助）

◉補助員の仕事は建前は区の職員で保育園になくてはならない補助員としているが、実際は子どもの数で雇用されているのに仕事は保育の一環として人によっては保育に入らず用務の仕事をさせられているのが全体の半数。補助員の勤務時間に多くの雑務が入っているのが現実で毎年雇用されてきた人も子どもにかかわれると認識して仕事の違いにすぐ辞めていく人が多いです。

（女性、60代、10年以上、朝夕保育補助）

◉どんなに仕事を頑張っても評価されることはない。ただ、言われたことをやる毎日。保育補助＋保育室の清掃＋おむつの交換など、夕方３時半～４時半まではあっという間に時間に追われています。もっとゆったりと子どもに接してあげられたらと思う毎日です。同じ屋根の下に非正規と正規、そして公務員と非公務員という関係は明らかで仕方のないことだとわかっています。しかし、参観日などは臨職はクラスから外され、装飾や誕生カードなど装飾はほとんど臨職。遠足に行っても一緒に写真を撮ることができず、卒園アルバムにだって、臨職は一切のらない。名前はない。行事等も年々かかわりがなくなってきた。
（女性、50～54歳、10年以上、日中保育補助）

以上のことから、非正規保育者たちは正規保育者とまったく同じ仕事をしているのではなく、正規保育者とはわけられていることがわかります。それは特に、保育室では掃除や保育準備など、正規保育者の補助的な作業を中心に担当しているという点と、保護者への対応、同僚との会議・打ち合わせ、保育内容の計画・決定にかかわっていないという点で大きく異なっています。非正規保育者たちの担当する職務は、基本的に子どもに対応する際に必要となる作業、特にそのなかでも雑務とに限定されているということができます。このように、仕事内容の面から見ると、東京都の公立保育園の非正規保育者は保育補助型と位置づけることができます。

65.1％の非正規保育者は研修を受ける機会がない

次に、非正規保育者が専門的な知識を学ぶ機会があるかどうか、という点です。図表2-31は、「あなたは今の職場で勤務時間内に研修や講習を受けたことがありますか」という質問に対する回答を、週あたりの勤務時間別に示したものです。まず、非正規保育者の65.1％が研修・講習を受けた経験がないと回答していることがわかります。特に、週あたりの勤務時間が20時間未満の者のうち、80.8％が研修・講習の経験がないと回答しています。

以上のことから、東京都の認可保育園における非正規保育士の位置づけは、補助的な作業を多く担当することを求められ、自分の仕事に対する裁量は限定されていて、専門的知識を身につけ、技能を育成する対象にもなっていないということです。

図表2-31●週あたりの勤務時間ごとの研修参加経験の有無（「非正規保育者アンケート」）

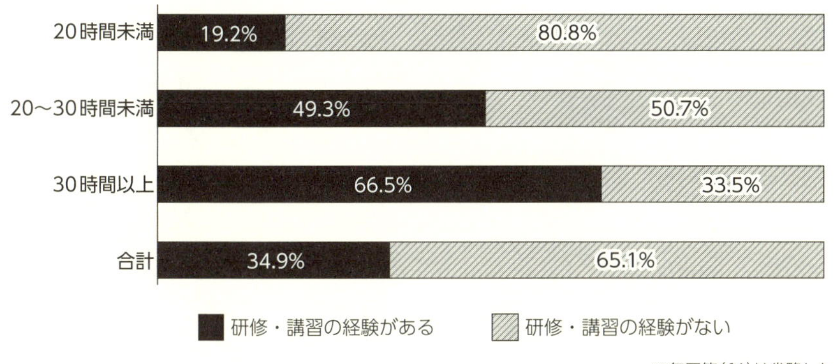

※無回答（61）は省略した

2 求められる役割とやりがいとの間で葛藤する非正規保育者

非正規保育者だって、保育が好き！

これまで非正規保育者は、正規保育者の補助的な仕事を任されていることがわかりましたが、そのような仕事内容にやりがいを感じているのでしょうか。「非正規保育者アンケート」では、「仕事のやりがいをどの程度感じていますか」という質問をしました。その結果、やりがいを「とても感じる」「感じる」「やや感じる」という回答を合わせると91.3%、「子どもと過ごす時間の楽しさを感じていますか」という質問では「とても感じる」「感じる」「やや感じる」という回答を合わせて97.4%にもなりました。

つまり、多くの非正規保育者が、保育の仕事にやりがいと楽しさを感じて取り組んでいるということです。

図表2-32●仕事のやりがい
（「非正規保育者アンケート」）

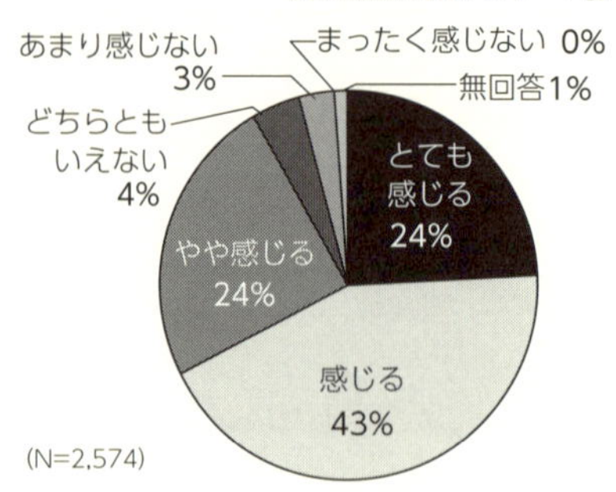

図表2-33●子どもと過ごす楽しさ
（「非正規保育者アンケート」）

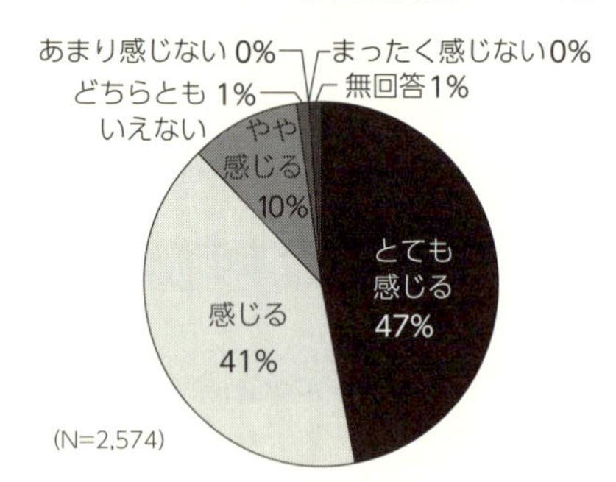

パート勤務でももっと子どものことについて学びたい

また、今後どのような研修を受けたいかについて聞いたところ、全体では68.7％が「保育内容や子どもの発達に関する考え方」を選択しています。図表2-34（次ページ）で示された勤務時間ごとの傾向をみると、一日あたりの勤務時間が3時間未満の非正規保育者であっても、60％以上が「保育内容や子どもの発達に関する考え方」という回答をしています。ここから、たとえ短時間しか保育園で働いていない非正規保育者だとしても、保育者として子どものことや保育の方法に関する知識を身に付けたいという意欲を持っているといえるでしょう。

さらに、「保育の仕事は専門性のある仕事だと思いますか」という質問に対して、「専門性のある仕事」だと感じている非正規保育者は69.1％です（図表2-35）。これらの結果から、パートタイムで働く人が多い非正規保育者たちですが、仕事へのやりがいを感じ、さらに、専門性

図表2-35●保育士は専門性を必要とする仕事か
（「非正規保育者アンケート」）

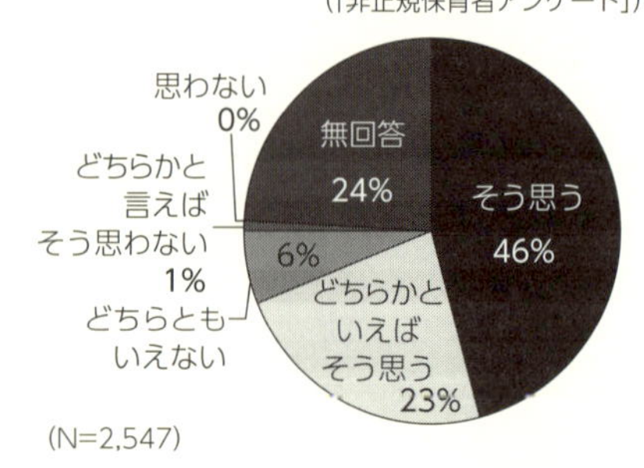

が必要だという自覚ももっていることがわかります。そして、専門的な知識を身につけて、さらに仕事への責任や誇りを高めようとしている姿が感じとれます。

図表2-34●1日あたりの勤務時間と今後受けたい研修の内容(「非正規保育者アンケート」)

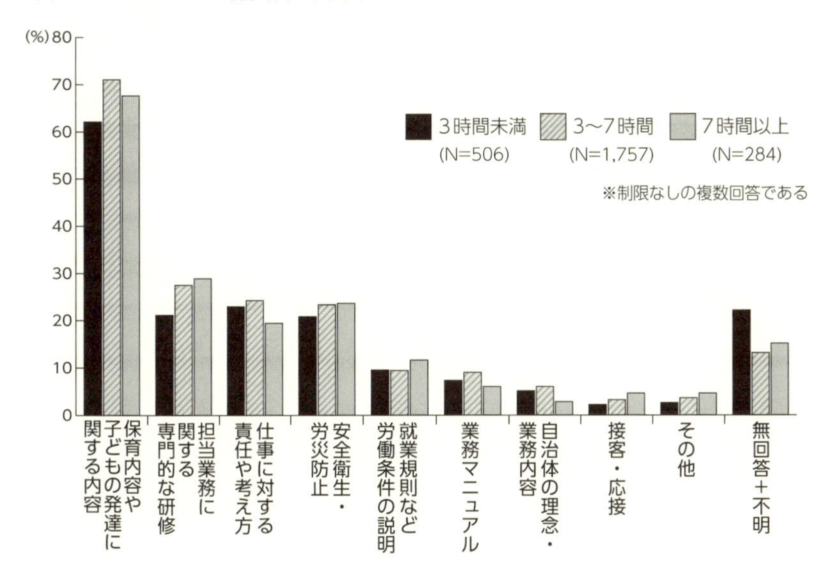

情報がほしい、正規保育者ともっと仕事の話がしたい

他方、先ほど示したように、多くの非正規保育者たちは、会議への参加が保障されていません。図表2-36は、「あなたの職場では仕事をするうえで必要な情報の共有がおこなわれていますか」という質問に対する、週あたりの勤務時間別の回答を示したものです。いずれの勤務時間階層でも「非正規には伝えられない情報が一部ある」が最も多く、全体では53.2%を占めていることがわかります。「情報が共有されている」という回答は、選択肢のうちで最も少なく、週30時間以上勤務する非正規保育者の中でも19.9%に過ぎません。他方、勤務時間が短くなればなるほど、「非正規にはほとんど情報がない」

という回答の割合が増えるという結果になっています。

図表2-36●週あたりの勤務時間別情報の共有の程度（「非正規保育者アンケート」）

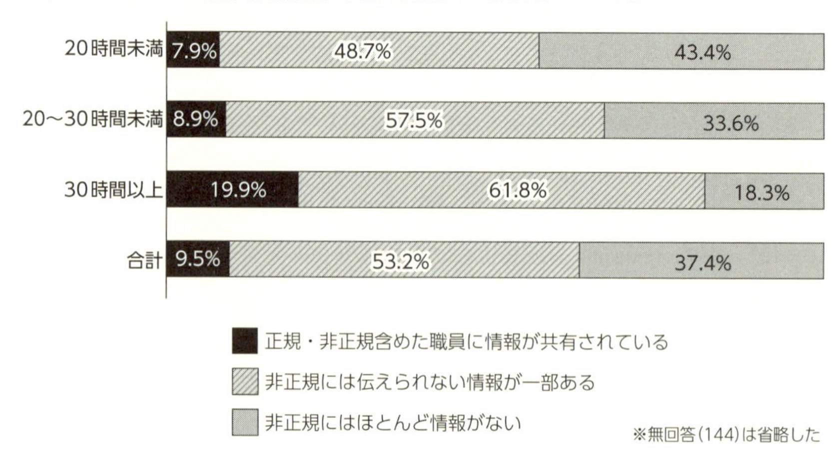

図表2-37は、「非正規職員のみなさんが働きやすい職場であるために必要なものとして、どのようなものがありますか」という質問に対する週あたりの勤務時間別の回答です。

これを見ると、最も回答が多いのは「園児のことなどもっと情報を教えてほしい」という選択肢で、どの勤務時間の階層もほぼ50%を占めています（全体では50.5%）。それに続くのが、「正規職員と仕事について話し合う機会がほしい」との選択肢で、特に、週あたりの勤務時間が長い30時間以上の階層が最も多くなっています。

非正規保育者たちは日常的に子どもにかかわるため、その中で仕事のやりがいを感じている一方、子どもへの対応に日々試行錯誤していると考えられます。そのような状況下で、会議に参加しないということは、同僚たちが得ている多様な情報を十分に把握できないまま日々子どもと接しているということになります。アンケートの自由記述欄にも、限られた情報のなかで子どもたちとかかわらなければならない、という条件のもとで働くことへの不安が表明されています。

図2-37●週あたりの勤務時間と働きやすい職場に必要な条件の関係（「非正規保育者アンケート」）

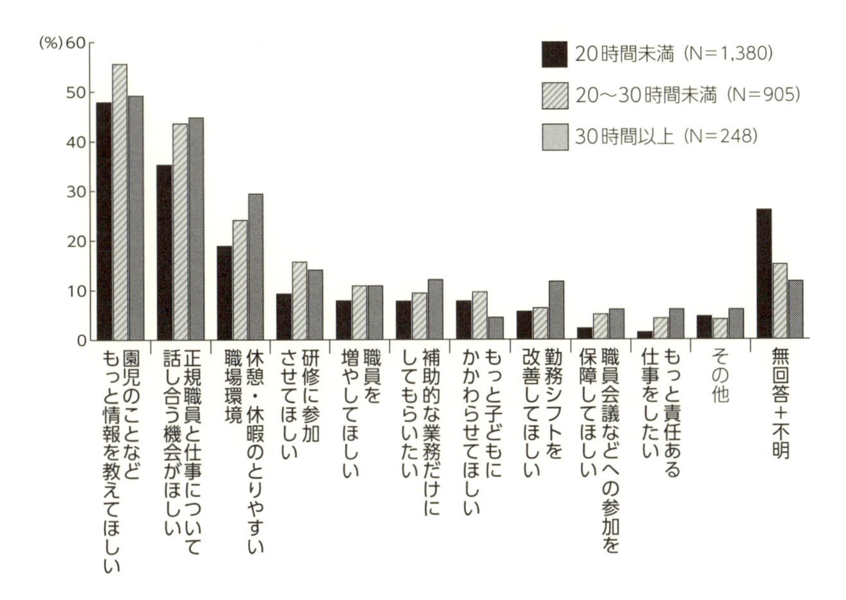

◉知らされていない情報が多く戸惑うことが多い。もっと必要な情報を知っていれば良い対応ができるのにと思うことが多々あります。特にアレルギーに関することは命にかかわるので予め知りたいと思います。

（女性、30～34歳、勤続年数１～３年未満、産休代替）

◉正規職員は人にもよりますが、まったく子どもの情報を与えてくれず、知らないことばかり…。同じ保育室で保育をしていてもまったく知らされていないので親にきかれた時、子どもに接する時などとても困ることが多いです。

（女性、44～49歳、勤続年数３～10年未満、朝夕保育補助）

◉今の職場はとても働きやすく、楽しく保育業務にあたっています。ただ、午前中４時間の仕事のみのため、また正規職員の先生方もとても忙しく仕事をされているため、なかなかお話をする機会がありません。疑問に思うこともあるのですが、保育中は最低限しか聞く時間もなく、少し気にかかっています。正規職員と非正規職員とは責任がまったく異なるので子どもに関する情報も細かく伝える必要がないと考えているようにも思えます。事故につながるようなときにだけ責任を求められそうで不安もあります。もう少し細かな情報もいただけると保育をしていても安心感があります。

（女性、40～44歳、３～10年未満、日中保育補助）

◉子どもの個人情報的なものは私たちに公開してはいけないとは思いますが、子どもとかかわる上で知っておきたい情報はあります。そこをどのあたりまで非正規の人間が踏み込んでよいのかと考えてしまうことはたまにあります。例えば、３歳の男の子、私のことを独占しようとし、ひざの上から離れませんでした。私的には他の仕事もあるし、他の子もあそんでほしいと来るので平等に扱いたいと思い、その男の子に我慢させてしまうことがありました。でも先日その子の妹が生まれたとのことを知りました。さびしかったんだなーと思い、とても悪いことをしたと反省しました。知っていればもっと受け止めてあげれたのになあと。すべての情報を知る必要はないと思いますが、ある程度のことは職員の方と共有したいなあと思った出来事でした。

（女性、45～49歳、勤続年数３～10年未満）

これらの声から、正規/非正規間で子どもの情報共有が不十分であったために、特に保護者や子どもとの関係を中心に、さまざまな困難を感じた非正規保育者がいることがわかります。非正規保育者の立場から見れば、会議や打ち合わせに参加できず、情報が十分に得られないため、限られた情報のなかで子どもたちとかかわり、発達と安全を保障しなければならないという難しい条件のもとで働いている、ととらえることができるでしょう。

3 おわりに

ここまで、調査で明らかになったことをテーマごとに紹介してきました。ここからは、アンケートでわかったことについて、少し掘り下げてみたいと思います。

まずアンケート調査でわかったことについて振り返りましょう。第１に、東京都の公立保育園で働く非正規保育者の労働条件についてです。非正規保育者の多くはパートタイムで働いており、ほとんどが年収200万円未満であることがわかりました。また、非正規保育者は、非常に不安定な雇用条件のもとで働いています。すべての非正規保育者は雇用期間が限られたもとで働いており、雇用期間が更新されないのではないかという不安を多くの非正規保育者が持っていることがわかりました。

第２に、非正規保育者の担当する仕事についてです。非正規保育者の仕事の内容は、会議への参加や保育計画の作成等にかかわらないという点で、正規保育者とは判然と分けられていることがわかりました。他方で、多くの非正規保育者が自分の仕事へのやりがいを感じ、同時に相応の疲れやストレスを感じていることもわかりました。

第３に、正規／非正規間の情報共有など、保育者集団にかかわる問題です。非正規保育者の多くが、「園児のことなどもっと情報を教えてほしい」という思いを持っており、非正規保育者との情報共有が十分でない実態も明らかになりました。つまり、東京都内の公立保育園で起こっていることは、保育園で働くチームのメンバーの半数近くが、賃金面での評価が低く、雇用が不安定な非正規保育者であるということです。そして、短時間勤務の非正規保育者が保育園の１日の中で次々と入れ替わる、雇用期間の更新の制限がある自治体では、短期間で一定数の保育者が入れ替わらざるを得ない状況になっているということです。

以上の明らかになった3つの問題は、非正規保育者の属性と大きくかかわっています。つまり、非正規保育者の多くは女性で、夫婦を中心にした世帯を形成していて、家庭の中では子育て・介護や家事の責任を担うと考えられる世代がその中心である、ということです。非正規保育者の多くが「自分の都合のよい時間等で働ける」ことを理由に非正規形態で働くことを選択していることからも、「自分の生活と両立できる勤務時間で家計補助として働きたい」と希望する女性の受け皿となってきたと考えられます。そのため、長期間継続して働き続けることは期待せず、「家計を補助すれば十分」な賃金水準を求める女性のニーズと一致してきたといえるかもしれません。しかし、現実には、一人暮らしや、世帯の主たる生計者も非正規保育者の中に約10人に1人は存在していること、仕事のかけもちをしながら収入を補っているものも5人に1人存在することがわかりました。この数字は見逃せるほど小さくはありません。非正規保育者の賃金は決して単独では生計を立てられるような水準ではないため、少なくない非正規保育者たちにとって生活の不安となってのしかかっていると言えるでしょう。また、雇用期間が限定されているため、働き続けられる場合でも毎年のように手続きをおこなわなければなりませんし、「来年も更新してもらえるのだろうか」という不安をどこかで抱えながら、働くことを余儀なくされているのです。

また、パート勤務であるからこそ、正規保育者の「補助」という役割で、仕事の裁量や専門性も必要がない、と位置付けられていると考えられます。非正規保育者の多くは、保育園の業務の一部にしかかかわらないため、継続して全体的な子どもの様子を把握することはできず、子どもの生活や発達に全責任を負うことが不可能であるため、なるべく責任を負わない、補助的な仕事を割り振られているということでしょう。非正規保育者の責任が及ぶ範囲は、子どもと接する限りにおいて求められるものであり、保護者や同僚への責任を負うことは求められてはいないことからもそれがわかります。しかし、直接子どもとかかわる以上、非正規保育者は子どもへのケアやトラブルへの対応をおこなわざるを得ません。そして、子どもとかかわる限り、日々「あの子への対応はあれでよかったのか」「トラブルにはどのように対処すればいいのだろうか」と試行錯誤を余儀なくされるはずです。つまり、実質的にパートタイマーであっても、子どもの安全と発達保障という点では、正規保育者と同様に経験に基づく知識と、判断力やコミュニケーション技能を持っていなければならないのではないでしょうか。

以上のことから、非正規保育者の問題を改善していく2つの方向が見えてきました。1つ目は、雇用の不安なく働くことができる雇用条件と、十分に生活でき、専門性を配慮した賃金水準の確立です。そして2つ目は、専門的な知識技能を必要とする保育の担い手にふさわしい情報共有や研修の充実です。このアンケート結果を受けて、第4章では非正規保育者の問題を解決する展望について、より踏み込んで考えていきます。

【注】

(1) 地方公務員法第22条第2項では、任命権者は、「緊急の場合、臨時の職に関する場合又は任用候補者名簿がない場合においては、人事委員会の承認を得て、6月をこえない期間で臨時的任用を行うことができる。」とされ、その任期は「6月をこえない期間で更新することができる」とされています。

(2) 4章で詳しく触れられますが、アンケート調査を実施した翌年の2014年7月4日に、総務省は、公務員部長の通知「臨時・非常勤職員及び任期付職員の任用等について」を公表しています。これによると、雇用の中断期間が置かれることについては、「再度の任用の場合であっても、新たな任期と前の任期の間に一定の期間を置くことを直接求める規定は地方公務員法をはじめとした関係法令において存在しない。」との言及があります。また、「募集にあたって、任用の回数や年数が一定数に達していることのみを捉えて、一律に応募要件に制限を設けることは、平等取扱いの原則や成績主義の観点から避けるべきであり、1(2)②に述べた均等な機会の付与の考え方を踏まえた適切な募集を行うことが求められる。」とも言われていることから、これを受けた自治体が雇用の中断期間を設けずとも採用を行うように方針を変更した可能性があります。この点は、今後の調査課題です。

[非正規保育者アンケートより]

公立保育園における
非正規職員の仕事と生活に関するアンケート

明星大学人文学部
垣内国光研究室

1

公立保育園における非正規職員の仕事と生活に関するアンケート

このアンケートは、公立保育園で働く非正規職員のみなさんの、働きかたややりがいについて調査し、実態を明らかにすることを通して、処遇の改善とよりよい保育づくりを目的として行うものです。

この調査は、明星大学・垣内国光研究室が、東京自治労連の協力を得て、学術的な目的で実施します。

お答えいただいた内容は、すべて統計的に処理し、個別の自治体や個人情報を公表することはありません。また、この調査の目的以外には使用いたしません。お答えにくい質問にはご回答いただかなくても結構です。

[区市町村名　　　　　区・市　　]

■ご記入にあたってのお願い

・2013年9月1日現在の状況でお答えください。
・調査期間は9月10日から10月15日です。
・記入の終わりました回答用紙は、担当者にお渡しください。
・直接郵送で送りたい方は、お手数ですがご自分で切手を添付の上、以下の住所にお送りください。
・お問い合わせは、下記までお願いします。
〒191-8506 東京都日野市程久保2-1-1 明星大学人文学部垣内研究室（調査責任者：小尾晴美）
電話　　　　E-mail

以下の質問にお答えください。回答の選択肢がある場合は、枠内に数字か、語彙を記入してください。仕事のかけもちをしている方は、このアンケートを受け取った園での仕事と生活の状況をお答えください。

I．あなたのことについて

[1]あなた自身のことについてお伺いします。

[1-1]あなたの性別を教えてください。（回答は一つだけ）
①男　②女　③その他

[1-2]あなたの年齢はおいくつですか。（回答は一つだけ）
①10代　②20～24歳　③25～29歳　④30～34歳　⑤35～39歳
⑥40～44歳　⑦45～49歳　⑧50～54歳　⑨55～59歳　⑩60歳以上

[1-3]あなたの最終学歴を教えてください。（回答は一つだけ）
①小学校・中学校　②高等学校　③各種専門学校　④短大　⑤大学　⑥大学院

2

---

[2] 既婚（パートナーと同居）の方に伺います。あなたと同居している家族はどなたですか（回答は一つだけ）※同棲・事実婚の場合もパートナーを配偶者としてお答えください。
①配偶者　②配偶者＋子ども　③配偶者＋子ども＋親・きょうだい　④その他（　　）

[3] 独身の方にお伺いします。あなたと同居している家族はどなたですか。（回答は一つだけ）
①一人暮らし　②両親・きょうだいと同居　③子どもと同居　④両親・きょうだいと子どもと同居　⑤その他（　　）

[4]お子様の年齢：同居しているお子様がいる方に伺います。同居している子どもの末子年齢はおいくつですか。（回答は一つだけ）
①3歳未満　②3歳～就学前　③小学生　④中学生　⑤高校生　⑥18歳以上

[5]あなたはどのような名称で雇用されていますか。（回答は一つだけ）
①非常勤職員　②臨時職員　③嘱託職員　④アルバイト　⑤パート
⑥任期付短時間勤務職員　⑦派遣職員　⑧その他（　　）

[6]あなたは地方公務員法の何条に基づいて雇用（任用）されているか、知っていますか。あてはまるものを選択してください。（回答は一つだけ）
①3条3項3号　②17条　③22条2項または5項　④任期付4条、5条　⑤わからない
⑥その他（　　）

[7]あなたが現在従事している職種は何ですか。（回答は一つだけ）
①保育士　②調理員・栄養士　③用務員　④看護師　⑤その他（　　）

[8]あなたはどんな資格をもっていますか。（回答はいくつでも）
①保育士　②幼稚園教諭　③看護師　④教員免許　⑤調理師　⑥栄養士
⑦その他（　　）⑧持っていない

[9] あなたが現在の職業に就いてから、通算の継続年数は次のどれですか。（休職・いったん退職している場合も通算して）
①1年未満　②1～5年未満　③5～10年未満　④10年～15年未満　⑤15年～20年未満
⑥20年～25年未満　⑦25年～30年未満　⑧30～35年未満　⑨35～40年未満　⑩40年以上

[10] あなたの現在の区市における継続年数は次のどれですか。（更新している場合は通算して）
①半年未満　②1年未満　③1年～3年未満　④3年～10年未満　⑤10年以上

[11]あなたは労働組合に加入していますか。（回答は一つだけ）
①加入している　②組合はあるが加入していない　③組合はない　④組合はないが加入したい　⑤組合に加入していたことがある　⑥組合があるかどうかわからない　⑦わからない

3

正規と非正規の連携を考える

－力をひとつに保育をすすめるために－

ここでは、非正規保育者をめぐる状況について、正規保育者と非正規保育者、それぞれのおもいに焦点を当てます。うまくいっているところ、わかり合えていないところを浮き彫りにしながら、正規と非正規の連携について考えます。コラムと合わせてじっくりお読みください。

1 誇りを持って働き続けたいからこそ
～非正規保育者の視点から～

「園だよりの保育者紹介で非正規保育者は紹介されてはいなかった」といった、ちょっと切なくなる声を聞くことがあります。勤務時間の関係上、運動会や発表会、卒園式といった行事に参加できないことも多く、そんな時に寂しさを抱く人もたくさんいます。非正規保育者は、東京の保育園運営の中で主力ではないかもしれません。しかし、調査結果が導き出した44.7%という非正規保育者の配置割合は、単純な『保育補助』だけではないことを示しています。

アンケートの中の自由記述には、やりがいを持っているという声に加えて、非正規保育者ならではの切ないおもいや、要求などもたくさんつづられていました。私自身も、非正規保育者として勤務する18年間で、切なさを味わってきました。しかし、非正規保育者の労働組合である保育ユニオンの書記長として、正規組合と共に活動する中で、正規保育者のおもいも理解できるようになりました。今の保育現場では正規、非正規が分断されている構造になっていること、少し、視点を変えれば解決策をみつけられることにも気づきました。

ここでは、自分の体験を踏まえつつ現場からの声や要求をまとめ、より良い保育のために何が必要なのかを考えます。

非正規のおもい、正規のおもい

子どもたちと楽しくあそんでいるまっ最中でも、途中で保育を抜けて、掃除やトイレ介助につかなければならないことがあります。「保育補助」という立場上、清掃などの雑務は非正規保育者が担当することが多く、このアンケートの中でも「あなたの担当業務は？」という設問に「雑用」と回答している人が大勢いました。例えば、子どもの着替えを手伝っていても、「布団を畳んできてください」と指示されれば、その子から離れなければなりません。子どもにとって、途中で代わるのはどうなのか？　というおもいが頭をよぎります。でも、「そういう職務なのだ」とあきらめて、後ろ髪を引かれつつ離れることもしばしばです。「正規は雑用を一切しない」との記述もみられましたが、正規保育者からみれば、「自身の責任」や、リーダー、サブ、フリーの動きのバランスを考えて、指示を出しているのです。トイレ介助も、正規保育者が１人の子どものトイレについてしまえば、その他の子どもへの「責任」を非正規保育者に負わせてしまうと考えて指示しているのです。そのような正規保育者のおもいや、担当する仕事について非正規保育者に事前の説明があれば、上記のような記述は少なくなっているはずです。また、非正規保育者からも「ここが終わったらやります」とひと言声をかければ、子どもとかかわっている途中で離れなくてもすんだかもしれません。『連携』が求められる仕事であればあるほど、そんなひと言や、関係で捉え方は変わってくるはずです。相手のおもいをわかろうとする姿勢は、非正規保育者にとっても、正規保育者にとっても、必要なことなのです。

率直なおもいをことばに

「年々その責任や仕事量は重くなっていると感じる」「たった３時間の勤務でも、濃い時間」といった記述も目立っていました。非正規保育者が増加しているのですから、当然その仕事内容も増えますし、５年、10年と、長年働いていれば責任も重くなります。しかし、何年働いても昇給はなく、一時金や退職金もありません。「何年働いても一年目の臨時保育者」という、今の雇用条件には疑問の声も上がっています。あるベテランの臨時保育者は「新人の臨時保育者の仕事をカバーしているのに、同じ賃金なのは納得いかない」と記述していました。このような状況を改善する出発点は「仕方がない」ではすませず、非正規保育者の卒直なおもいをことばにすることです。

話し合わなければならない

アンケートの記述は、ネガティブな声だけではありません。「子どもとかかわれる仕事は楽しい」「いろいろな保育にかかわり、勉強になる」「ありがとうと声をかけてもらい、楽しく働かせてもらっている」などやりがいや感謝の記述もたくさんありました。「働き続けたい」という声も多数を占めていました。しかし、昇給もなく、補助的な内容ばかりだと仕事に対するモチベーションの維持は難しくなります。多くの人が「職場の中で、正規保育者とのコミュニケーションがもっと必要」と回答しています。正規、非正規保育者がお互いに協力し合える職場をつくるためには、日常的に声を掛け合う、打ち合わせの時間を設けるなどが必要なのです。対話の時間をつくるのは難しいものの、働き続けるために、そして働きやすい環境をつくるためには話し合わなければならないのです。

「保護者からの信頼を感じる」との回答も多数ありました。特に朝・夕保育担当の非正規保育者は保護者と毎日顔を合わせるので信頼してもらえているのだと思います。保護者にとっては、正規も非正規もありません。そして、子どもの成長とともに保護者の信頼が非正規保育者に、保育の「すばらしさ」や「やりがい」を感じさせてくれます。そこに喜びを感じて「明日からも頑張ろう」と思えるのです。冒頭でふれた「保育者紹介がされなかった」という切ない思いではなく、非正規保育者でも働いている時間は短くても、保護者から信頼される喜びややりがいを実感できるようにしなくてはなりません。

そのためには、やはり正規と非正規が話し合いわかり合える職場をつくらなければならないのです。

働き続けるために求めるもの

休暇をとりやすくする

「欲しいところに休みが取れない」「休暇申請できる雰囲気がない」「年休は消化せず、毎年捨てている」などの声がたくさんありました。年次休暇は、労働基準法で定められた、働く者の当然の権利です。しかし、保育の現場はギリギリの体制の中で運営されているため正規保育者でも休暇が取りにくいのが現状です。職場によっては、「100%取れる」「非正規は優先的に取らせてもらっている」ところもありますが、朝、夕の臨時保育者からは、「休みを取ると代替に出勤を頼まなければならず、言い出しにくい…」と遠慮をしてしまったり、「希望通りではない」といった声も聞かれます。希望通りとれる「休暇」は、すべての労働者の願いです。職場の中で協力し合うことも大切ですが、休暇も取れないギリギリの体制こそを変えることが必要です。

打ち合わせの場をつくる

保育は「連携」が必要な仕事ですから「打ち合わせ」の時間が欠かせません。そして、コミュニケーションがしっかり取れていれば、自由記述に見られるような切ないおもいや誤解は少なくなるはずです。「正規保育者同士でも、打ち合わせの時間が取れない」という悩みを聞くことがあります。しかし、会議に参加できない人が圧倒的な非正規保育者にとっては、なおさら情報共有が必要です。「噛みつきや支援を必要とする子の対応はどうしたら良いかわからない」「保育目標、計画も共有したい」「短い時間であっても最良の保育を提供したい」「もっと責任を持って働きたい」などおもいは、打ち合わせの場をつくることで何とかできるのです。

非正規保育者をめぐる制度と雇用条件を知る

44.7％まで増えている非正規保育者ですが、多くの人は、その任用根拠や勤務形態、雇用内容などについて知らずに働いています。調査の中でも「もう少し長い時間働きたい」「一カ月休みをなくしてもらいたい」「更新のたびに履歴書を出さなくてはならない」など、改善を求める記述がたくさんありました。非正規保育者は地方公務員法と労働基準法の狭間に置かれ、一般的にはありえない、複雑で不安定な雇用形態で働き続けていますが、知らないからこそ不安が増大し、解決策がわからないからそこにとどまるしかないのです。ですから、制度や自分の雇用条件を知ることはとても大切です。

労働組合の役割

「自分自身のことなのに、雇用のことがわからない。組合に相談して、やっと納得できた」という理由で労働組合に加入した人がいます。労働相談から「権利」を知り、自治体側と交渉の結果「辞めなくて済んだ」という事例もあります。自分の権利を守る組織、それが労働組合なのです。

労働組合は自分たちの要求実現のためにさまざまな活動をしています。アンケートの自由記述の中にも、要求がたくさん上がっていましたが、そういう要求も労働組合の団体交渉により、多くの点で実現されています。

2015年４月「子ども・子育て支援新制度」がスタートしましたが、問題だらけです。子どもたちのため、保護者のため、そして自分たちのために、そういう制度を変えるための運動に取り組むことや、「戦争をする国」にさせない運動に取り組むことも労働組合の大切な役割です。

むすびに

「このアンケートで意見を聞いていただき、ありがとうございます。改善にむけていかしてください」という記述が多数ありました。非正規保育者が声を出す場が少ないことを痛感し、労働組合の大切さを改めて実感しています。また、正規が非正規の立場を思いやることや、非正規が正規の仕事を理解できるように、対話を重ねていくことの重要性も感じています。現状を変えるために、私自身、もっと努力していこうと思います。

2 わかり合って保育する幸せ ～正規保育者の視点から～

「先生、話したいことがあるんです」

私は今年3歳児クラスを担任しています。私ももう1人の担任も持ち上がりではありません。午前と午後4時間ずつクラスに入ってくれる2人の非正規保育者が、持ち上がりです。

新年度2週間目の朝、その持ち上がりの非正規保育者が、「先生、話したいことがあるんです」と声をかけてきてくれました。私は思わず答えていました。「私も話したかったんです」

一緒に組むとわかってからも新年度の準備に大わらわだった3月末。クラスの引き継ぎは正規保育者同士、超特急でおこなわれ、非正規保育者とは子どもたちの育ちを共有する時間がないまま新年度に突入します。そして新年度に入ってからは、とにかく毎日怒濤のように時間が過ぎていきます。午前4時間の保育者は、食後の片づけの途中で「あっ！　先生、時間！　あがって！」という声に、「これだけ、これだけ下げてあがりますから！」と、後ろ髪を引かれながら帰っていきます。午後の保育者は、出勤するとまず保育室の掃除。正規保育者が会議などでまったく掃除ができていない時など、子どもたちがうがいした後のシンク掃除から仕事が始まることもあるのです。そして、夕方からは子どもたちも疲れ、涙が出たり、手が出たり。そんな気持ちを受けとめながら、けがを防ごうと緊張感と責任感にはちきれそうになっています。この怒濤の毎日が、ほとんど、いえ、まったく話し合いをせずに過ぎていました。

そしてこの日、「話したいことがあるんです」と声をかけてもらったのです。早朝保育の時間、子どもたちを受け入れながらの5分ほど、クラスの子どもへのかかわり方、子どもの姿からその子の気持ちをどう理解しているか、たった2人の子の話をして、私たちの話し合いは時間切れとなりました。それでも、その2人の子のことをわかり合えている、と思えるだけで、私たちの保育は違います。

㊣「あっ今、Aちゃんのそばについていてあげてください（表情がちょっと険しいです。他の子との気持ちの仲介が必要そうです）」

㊀「わかりました（たくさんあそんで、この子が疲れてくる時間帯です。何かあったら仲介します）」

㊣「（よろしく）私は着替えにつきますね（つきながら他の子たちを見ています）」

（了解）の笑顔

このやりとりが、子どもたちの足を洗いながら、ブロックの箱を運びながら、おこなわれます。しかし、ほんの5分の話し合いが、カッコの中の心の声を通じ合わせます。短いことばと目線でやりとりできる、ちいさな安心感が生まれるのです。

子どもの一日を知ることができない

こんなほんの少しの話し合いさえも許されない今の職場の状況は、保育労働者にとってはもとより、何よりも子どもたちにとって不幸としか言いようがありません。5分の話し合いの数日後、後ろ髪を引かれながら帰る間際、非正規保育者に「この子たちは何時からお昼寝するんですか？」と聞かれました。よくぞ聞いてくれた、と思いました。ほんの30分後の子どもたちの生活を知らずに必死に食べ終わった後の片づけをしてくれていたのだと、私に気づかせてくれてありがとう、と思いました。もう何年もこの園で働いている「持ち上がり」の保育者が、子どもたちの午睡の時間を知らないのです。これが私の園の「保育の質」のレベルなのだと思いました。

一日の子どもの生活を見通すことができずに、午前中の子どもたちの気持ちを受けとめている非正規保育者がほとんどなのでしょう。午後の非正規保育者は反対に、午前中の散歩に行って芝生を走り回る子どもたちを知りません。泥んこあそびの後の、てんやわんやのシャワーと着替えを知りません。自治体により非正規保育者の雇用形態は千差万別で、その名称もまちまちです。一日通した勤務が基本という自治体もあれば、午前2時間勤務した保育者が午後も2時間という、短いけれど午前午後の様子が何となくわかるという自治体もあります。ですが、それでも朝早くに登園した子の受け入れから、延長保育で7時を過ぎてお迎えを待つ子どもたちの様子まで一日を通した子どもたちの生活が共有できているとは思えません。これは、私をはじめとした正規保育者の多くが気づいていない保育の現状です。

子どもの話がしたいよね

ひと昔前、私が新人だった頃は、仕事帰りにお茶をしながら先輩保育者と子どもの話をしたものです。「最近、Bちゃんのこと、どう思う？」そんな先輩のことばから、ああでもないこうでもないと子どもたちのことを話して、「じゃあ、明日はこんなかかわりしてみる？」と、明日の一手を共有したことを思い出します。ですが今はどうでしょう。明るいうちに園を出ることなど滅多になく、園内にいる時間は常に何かに追われるように仕事、会議、仕事。本当にひと昔前に比べ、書類の提出物が増え、パソコンに向かっていることが増え、子どもの話を「そういえば最近…」と話し出す合い間がありません。正規保育者同士でも、改めて会議という時間をつくらなければ子どもの話ができないのです。非正規保育者が「あの、話したいことがあるんです」なんて声をかけられるような雰囲気はないだろうなと、もしかしたら殺気立って見えているのでは、とさえ思います。朝の５分で小さな安心感が生まれたように、少しずつでも話せたら、私たちの保育は少しずつでも豊かに、楽しくなるでしょう。

わかり合えて保育する幸せ

以前働いていた保育園で２歳児クラスを担任していたある日、一緒に組んでいた非正規保育者が「先生、見て、今！」と、Ｃくんに目線を送って教えてくれました。靴を履けなかったＣくんが大好きな友だちと一緒にあそびたいという思いから、自分で靴を履いて園庭に飛び出して行こうとする、その瞬間を教えてくれたのです。友だちに呼ばれて靴を手にテラスに出てきた、その子の心の動きから見つめていてくれたのは、Ｃくんをはじめクラスの子どもたちのことを、正規、非正規にかかわらず共有できていたからです。「先生、今こんなことが！」と知らせたくなる人間関係ができていたのです。この保育園の職員体制に少し余裕があったのは確かですが、もっと違っているのは意識です。アレルギー児が多かったことで、情報不足は誤食につながるという危機感がありました。クラスの先輩保育者が、非正規保育者にも子どもの情報を伝えようと意識していたことを思い出します。年度初めに時間をつくっての話し合いはやはり短く10分ほどではなかったかと思いますが、先輩保育者は話し合いを「今年はこういう風に話し合って、みなさんの話を聞きたいんです。よろしくお願いします」と締めくくりました。この後、やはり怒濤のように毎日は過ぎ、時間をつくっての話し合いはこの一回きりではなかったかと思います。それでも、話し合いたいと思っているのだという気持ちを発信したことで、私たちは子どもたちの「今」を伝え合う関係になっていったのだと思います。保育はつくづくキャッチボール、子どもたち一人ひとりのおかしくて、かわいくてたまらない「今」を伝えたい。時に悩み、どうしようかと頭を寄せ合って、励まし合って明日の一手を生み出す保育の楽しさを共有したい。

今回の調査は、この「わかり合いたい」という思いが、正規、非正規にかかわらない願いなのだと教えてくれました。3,000を超える回答は、非正規保育者から投げかけられた強いメッセージです。子どもとともに保育をつくる仲間として、正規保育者から「私たちも話したいことがあるんです」とボールを投げ返したいと思います。

3 公立の保育実践をたかめるために私たちにできること

文京区立保育園で非正規保育者として働きはじめて８年目になります。その前は民間保育園で正規として、20数年間勤務していました。民間を退職後、中野区の保育園で非常勤として勤務していましたが、公立保育園の民営化にともなう不当な雇い止めにあい、労働組合に加入して運動した経験もあります（コラム「あきらめないで」参照）。私は非正規保育者の実践力を高めるための試みについて、具体的な取り組みを紹介します。

やりがい・誇りを持って働ける職場に！

保育の仕事は、園長やクラス担任だけでなく、調理、用務の仕事を担う職員、補助として朝夕の保育や、個々の子どもの対応をしたり、保育準備や行事準備などをする非正規保育者と、その園で働くすべての職員が子どもの豊かな成長を願い協力し合ってつくっていくものです。

しかし実際には、正規保育者と非正規保育者の間で、「指示する者とその指示を受ける者」「責任をもつ者ともたない者」「保育をすすめる者と雑用をする者」というようなすみ分けがあり、良い関係を築くのが困難になっています。

非正規保育者同士で話しをすると「子どもとかかわっているときに、他の仕事をするように言われると、子どもとの関係が途切れてしまう」「誕生会などの行事のときに、手がたりているからと雑用をするように言われてしまう」など切ないエピソードを聞きます。

頭では「雑用も保育のひとつだ」とわかっていても、上記のようなできごとが重なると、「非正規だから」とむなしく思ってしまいます。でも、関係性が向上すればこの状況も変えられるはずです。

たとえば、ある朝、１・２才児合同保育のとき、２才児は先に部屋に戻ることになりました。井型ブロック１つずつバラバラにして片づけ始めたOちゃん。他の２才児の子どもたちは部屋に戻るために担任のところに集まっていたのですが、Oちゃんはまだ終わりません。私が「お手伝いしようか？」と声をかけるとOちゃんは首を横にふり黙々と続けています。

私はクラス担任に「Oちゃんが自分でやると言っているので、私が付いています。終わったら一緒に部屋に戻ります」と伝えてから、Oちゃんの片づけを見守っていました。やり終えたOちゃんは、にこっとして満足そうな顔で部屋に戻りました。

日々の保育をつくる上で、子どもの思いを受け止めて見守ること。そして、それらの行為を正規保育者と非正規保育者が一緒に認め合う関係が大切なのだと思う一場面でした。

非正規保育者は、日中の保育にかかわっている人でも、子どもとの関係は断片的になりやすいものです。まして朝夕の保育の場合は、一日の流れにおける「朝の子どもたち」と「夕方の子どもたち」、それぞれ明確な姿として捉えにくいこともあります。だからこそ、正規・非正規の枠を超えて、互いに子どものこと、仕事のことなどを対話していくことが、保育の質を高めていくことになると思います。

正規保育者も、事務量が増えていたり、責任が重くなるなど厳しい労働環境にあります。非正規保育者も正規保育者が置かれている状況を理解する努力が必要です。

正規保育者と非正規保育者が対立する構図に陥ってしまうと、非正規問題の本質的なところは見えてきません。非正規保育者がやりがい・誇りを持って働き続けるためには、雇用・賃金労働条件の改善とあわせて、正規保育者と非正規保育者がともに保育をつくっていける関係づくりをめざさなければなりません。

文京区の取り組み

私が所属する東京公務公共一般労働組合の文京支部では、これまで賃上げや病気休暇（10日間の有給）をはじめ、休暇制度も大幅に改善させてきました。しかし、支部の下にある保育園分会は７～８年前までは分会活動が停滞していました。

文京区は公立保育園（幼保一元化施設１園含む）が18園あります。そこに働く非正規保育者は、私が文京区に来た当時で300名（現在400名余）、正規保育者とほぼ同数でした。労働組合には約１割が加入していました。

何とか分会を活性化できるようにと、二重加盟の正規組合員と保育園分会３名で細々ながらも会議を持ち、分会ニュースで情報を発信していましたが、組合員からの反応が返ってこない日々が続きました。そんななか、職場の人や単発的に開催した学習会の参加者たちから、「学習したい」という声があがりました。非正規保育者は雇用・労働条件については不安や不満を感じていても、やりがいや誇りを持って仕事をしており、その思いを支えるのは学習して、スキルを上げることです。だから、具体化しようということになっていったのです。

継続的に学習しながら各園の非正規保育者が交流できるように連続講座の形をとることにしました。連続講座であれば、持続的に労働組合への加入の呼びかけもできますし、それにより、新しい仲間を迎えることもできます。また組合員が学習を通じて運動にも参加してもらえるようになるかもしれないという期待もありました。

2012年６月に第１回の学習会を開催し、2015年５月には第21回をかぞえるに至りました。日時は日曜日の午前10～11時半。進め方は、初めにわらべうた・手あそびをおこない、その日のメインの講義や実践を50分くらい、懇談は20分。組合からの呼びかけや保育情勢などは10分。最後に感想文を書いてもらって終了です。

学習内容は、①保育内容（乳幼児の保育で大切にすること、あそび、食事、障がい児の対応について等)、②実践（わらべうた、手あそび、遊具づくり等)、③勤務体制別懇談会（朝・夕、日勤、緊急一時のグループに分かれて話し合います)、④労働組合についての学習（非正規保育者にとっての組合の意義と課題など)、新入組合員の歓迎を兼ねて企画することもありました。

学習講師は、大学の講師や家庭支援センターの方などに薄謝でお願いしていますが、開催当初はわらべ歌や紙芝居の読み方など、私たち自身が講師になったり、文京区内の保育園園長、栄養士、看護師に来ていただいて、各分野での話をしてもらっていました。園長をはじめ正規保育者に、非正規保育者の思いや取り組みを知ってもらいたいという気持ちもあったからです。

学習会を取り組むにあたり、私たちは「たとえ参加者がいないことがあっても継続しよう」と確認しました。参加者が１名しかなく、落胆したこともありましたが、「１人でも来てもらえばいい」と思うことにしたのです。

現在では、平均すると毎回10名前後の参加者数になっており、労働組合に入っていない人も５～６名は参加しています。参加する保育園も広がり、非正規保育者同士の顔が見えるようになりました。

参加者からは、

「１～５才児までの成長段階で見られる姿を具体的にお聞きして、保育の中でさまざまな場面があてはまっていたり、思い出して笑顔になってしまいました。同時に子どもたち一人ひとりがきちんと段階を踏んで成長していけるような環境をつくっていこうと改めて感じることができました。自分の姿を振り返ることができる良い機会になりました」

―柿田雅子先生の「幼児の保育とあそび」。

「毎日が忙しく、子どもたちに振り回されながら楽しく過ごしています。わらべうたや手あそびをみなさんと楽しくできたので、子どもたちともあそんでみたいです」

「貴重な話をしてもらい、豊かな気持ちになり、明日からの保育がまた楽しくなりました。同じような思いで悩んでいる方が多くいて、みなさんの前向きな考えも聞けてありがたい時間でした。次回も楽しみにしています」

―文京区園長の「保育で大切にすること」の話を聞いて。

などの感想が寄せられています。また、「学習の場が持ててよかった」「他園の状況を知ることができた」という感想は毎回共通しています。そしてみんなが自分の思いを共有し、学ぶことで、この間、新しい仲間を22名迎える

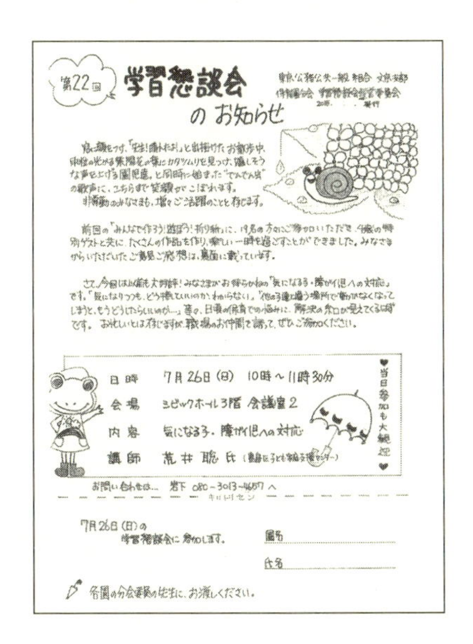

第22回 学習懇談会 のお知らせ

東京公務公共一般労働組合 文京支部 保育部会 学習懇談会運営委員会

傘に雨をうけ「先生！晴れたよ」と出掛けたお散歩中、雨粒の光かる紫陽花の葉にカタツムリを見つけ、嬉しそうな声を上げる園児達。と同時に始まった"でんでん虫"の歌声に、こちらまで笑顔がこぼれます。

非常勤のみなさまも、増々ご活躍のことと存じます。

前回の「みんなで作ろう！遊ぼう！折り紙」に、19名の方々にご参加いただき、4歳の特別ゲストと共に、たくさんの作品を作り、楽しい一時を過ごすことができました。みなさまからいただいたご意見ご感想は、裏面に載っています。

さて、今回は以前も大好評！みなさまがお待ちかねの「気になる子・障がい児への対応」です。「気になりつつも、どう接していいのかわからない」「他の子達と違う場所で動かなくなってしまうと、もうどうしたらいいのか…」等々、日頃の保育での悩みに、解決の糸口が見えてくるはずです。お忙しいとは存じますが、職場のお仲間を誘って、ぜひご参加ください。

日時　7月26日(日)　10時～11時30分
会場　シビックホール3階 会議室2
内容　気になる子・障がい児への対応
講師　荒井聡氏（豊島区子ども家庭支援センター）

♥当日参加も大歓迎♥

お問い合わせは… 岩下 080-3013-4657 へ

キリトリセン

7月26日(日)の学習懇談会に参加します。

園名

氏名

各園の分会委員の先生に、お渡しください。

5月24日(日)「みんなで作ろう！遊ぼう！折り紙」

前回参加者からの声・こえ・声

"毎日連番の時間に おり紙を園児達としていますが、本を見ながらでもなかなかできずに、一緒に折りながら苦戦していました。今日教えていただいた作品で さっそく遊んでいる4歳の坊やを見て、一緒に折る楽しさや一緒に遊ぶ楽しさを改めて味わい、もっと練習していろいろな物が作れるようになりたいなと思いました。次回も楽しみにしています。"

"様々な折り方を学び、とても楽しかったです。早速保育に活用したいと思います。又、組合の話を聞けたり、他園の方々とお話ができて、面白いなと思いました。交流を持てたことで、文京区ってこういう所なのかな、と少しずつ分かればと思います。本日はありがとうございました。"

"今回の講習でレパートリーが増えそうです。折り方、折り目のつけ方、大変勉強になりました。何度も練習して、子どもの前ではとまどいのない様にしたいと思います。コップ折りからの手さげ…かわいかったです！"

"初めて参加しました。先生がおっしゃっていた様に、本を見てもなかなか完成しない作品がありました。でも実際に折ってくださって、本を見ながらやると、きちんと完成するのだなあと嬉しく思いました。忘れないうちに、家で復習しようと思います。私はベビーシッター資格しかないので、この様な勉強会を開いていただけることは、とても有難いです。また参加させていただきたいと思います。"

"前回の手遊び、わらべ歌も未知の事でしたが、大変勉強になりました。息子も一緒に楽しんでいます。今回の折り紙も興味のあることでしたので、喜んで参加させてもらいました。先生の教え方も、手際が良く…1時間の間に5種類とその発展形も教えていただき、生活の中でも応用していきたいと思います。ありがとうございました。"

"乳児クラスなのでコマ等作って遊べたらと思います。手遊びも、もっと知りたいです。又実践に使える様な回に、参加したいと思います。"

ことができました。それが大きな励みになっています。

正規保育者との連携

この学習会で正規保育者との連携がつくれたことも大きな成果です。正規組合と非正規組合の二重加盟の正規保育者の存在が力になり、各園にいる文京区職員労働組合の分会委員が、それぞれの園に勤務する非正規保育者にお誘いチラシを配布し、出欠票まで回収してもらえているからです。

チラシを配布することにより、参加者だけでなく学習会や労働組合の取り組みを知ってもらえます。同時に正規保育者にも非正規保育者の実態や思いを知ってもらえる機会になるので、正規保育者の協力は重要なのです。

今後の課題

これからも学習会を続け、保育理論や保育の実践と経験について、繰り返し取り組んでいくことが必要だと考えています。非正規保育者として保育実践を語れるようになるために、保育にかかわる短時間でも保育実践を出し合い、学び合える取り組みをどんどん具体化していきたいと思っています。

また、学習会は、分会そのものが元気になることが基盤です。今までは分会の会議の中で学習会の運営委員会という形で会議をもっていましたが、今年から、朝・夕勤務と日中・緊急一時の２つのグループに分け、毎月の週・曜日を固定して会議をもつようにしました。子育て・介護を抱えながらの組合員も多く、分会役員になることに二の足を踏んでいる状況もありますが、その中でも率先して役割を担ってくれる組合員も出てきました。

３年間みんなで学習会を続けてきた力や、この間、労働組合にたくさんの新しい仲間を迎えたことに確信をもち、ともに学び合い新しい仲間を増やし、みんなで少しずつ荷をわかち合いながら、活動を続けていきたいと思います。

保育ユニオンはこんなところです

私たち保育ユニオンは、東京の公立保育園で働く非正規保育者があつまり、正規保育者と協力しながら、「働きやすい職場をつくろう」「よりよい保育園にしよう」と日々活動しています。東京の自治体職場の非正規職員でつくる労働組合「東京公務公共一般労働組合」の支部として、2010年に発足しました。

保育ユニオンには、保育園で働くたくさんの仲間がいます。同じ思いや悩みを持つ仲間であつまって交流し、楽しく活動しています。保育の知識や労働者の権利などが知ることができ、心強く楽しく働けます。正規保育者と協力して、非正規保育者がやりがいを持てて、働き続ける職場にすることは、子どもにも保育園にも大切なことです。

保育ユニオンは非正規保育者から寄せられた実態を要求書にして、自治体と交渉し、職場を改善してきました。板橋区や江東区などでは、雇用更新回数制限をなくしたり、文京区や大田区では賃上げや、産休・介護休暇の新設など、数々の成果をあげています。

とうきょう 自治体の仲間
全都横断的運動の前進と組織化めざし
『東京保育ユニオン』を結成
公立保育園非正規雇用労働者、委託先保育園の未組織労働者の組織化を飛躍的にすすめよう！

仲間が増えれば、働きやすい環境を広げていくことができます。非正規として働いているあなた、保育ユニオンに加入しませんか。

COLUMN1

あきらめないで

～中野区非常勤保育裁判から～

当時、私は中野区でゼロ才児の離乳食調理補助として勤務していました。園長から、週休二日制の導入により、中野区で非正規保育者が各園１名配置されるようになったため、「欠員があるのでやってみないか」と声をかけてもらったからです。私は月14日（月金土を含む）８時間勤務の非正規保育者として働くことになりました。

私が要望したのですが、毎月１回の打ち合わせにも参加させてもらっていました。

ところが2004年、中野区は指定管理者制度により２園の公立保育園の民間委託を強行し、それに伴い各園１名ずつ配置されていた非正規保育者28名全員が解雇されました。その時、私は非正規保育者が１人でも入れる、東京公務公共一般労働組合を知り、加入しました。

「契約更新を繰り返して働いており、解雇は不当だ」とし、私は原告４人の１人として解雇撤回を求め、４年間にわたり争議をしました。地裁・高裁で勝訴し、契約更新の「期待権」を侵害したとして、司法は中野区に慰謝料の支払いを命じました。

非正規とはいえ、正規保育者と変わらぬ職務にあたっていること、保育者の仕事が専門性と継続性が求められることを司法は、認めてくれたのです。最終的には、東京都労働委員会において中野区とのあっせん和解が成立し、職場復帰を確約して争議は2008年終結しました。

そして、あきらめないで声をあげたこの闘いは、国を動かして「7．４総務省通知」につながる動きになりました（参照100ページ）。

COLUMN2

保護者も連帯したい！

～保護者の視点から～

日頃、労働組合でたくさんの青年労働者からの相談を受ける仕事をしています。縁あって今回の調査に参加させていただきましたが、ここでは保護者の視点から、今、感じていることをつづらせてもらいます。

現在、都内の公立保育園に娘（年長組）を預けています。初めて保育園を訪れた時、たくさんの非正規保育者の方々が働いておられることに驚きました。保育園の玄関には、先生と職員の紹介が写真付きで飾られていて、名前の下に「非常勤」「非常勤（朝）」「非常勤（夕）」「臨時職員」と付せられていたからです。一目で常勤の人数が少ないことがよくわかりました。

ある日、娘が「Ｔ先生、１カ月お休みするんだって。Ａちゃん、さびしいって言っていた」と話してくれました。娘も大好きなＴ先生は、臨時任用です。どうやら任用期間の更新に１カ月の空白期間（いわゆる中断期間のこと。詳細は35～36ページ参照）があるようです。空白期間中の穴埋めは、他クラスの先生で対応するそうです。Ｔ先生が好きな私の娘や友だちのＡちゃんにとって、1カ月もＴ先生に会えないなんて大変なことです。正直、保護者と子どもからすれば、「どういうこと？」「子どもへの対応大丈夫？」と不可解でなりません。

非常勤でも臨時でも、すべての保育園の先生は、子どもと保護者にとって区別なく必要な方々です。どの先生もやさしく声をかけてくれますが、娘も大きくなるにつれ、先生たちの配置や動きを子どもなりに受け止めているようです。

私たち保護者は、当然ながら保育園に対して「保育の質」を求めています。しかし一方で、「保育の質」がどうやって担保されているのか、実はよく理解できていません。保護者同士が集まれば、育児の悩みを分かち合い、子どもの成長を喜び合いつつも、「Ｓちゃんが保育園に入れなかった」「保育料が上がって月○○万円も払えない」「新制度がわからない」など、不安と不満でいっぱいです。

でも、私たちが保育園に相談することはたくさんあっても、保育者の思いや労働条件について、保護者が関心を抱くことは少なく、深く語り合うこともありません。それはとても悲しいことですし、もったいないことだとも思います。働くもの同士という視点でも保育者と保護者は共感し合うことができ、それによって「保育の質」が高まる可能性があるからです。

先日、娘の保育園で「保育者の欠員」が問題になりました。保育課は「非常勤職員、臨時職員で至急対応したい」と求人を出しましたが、翌年も欠員状態が続きました。私たち保護者も人員の抜本的な拡充についてお願いをしましたが、行政は「財政上、拡充はできない」の一点張りでした。現在は何とか欠員問題は解消したものの、保育園が「綱渡りの状態」であることへの不安は消えません。

今回の調査結果から、東京都の公立保育園が置かれている状況がハッキリとしました。非正規保育者が劣悪な労働条件のもとで娘たちのためにがんばってくれている事実を、私たち保護者も真剣に向き合う必要があると気づかされました。保育者も私たちと同じように振り回されていて、安心して保育に従事できていないのです。「保育の質」は保育者が安心して保育に取り組めることから担保されるものだという思いが、いっそう強くなりました。

現在を変え、
未来をつくる

－非正規保育者の問題から考える保育運動の課題－

ここでは、これまで見てきた非正規保育者をめぐる状況、実態、さまざまなおもいなどから明らかになった課題、非正規化がもたらす保育の問題などを踏まえ、これらを解決するために、私たちは、これから先、課題や問題とどのように向き合い、どのような運動を進めていけばいいのかを検討していきます。

1　非正規労働者問題と非正規保育者

総務省統計局が2015年２月に発表した「労働力調査（詳細集計）2014年10月～12月期平均（速報）結果」によれば、正規労働者は3281万人と前年同期に比べ２万人減少し、非正規労働者は2003万人と38万人増加しています。これで８期連続の上昇となり非正規労働者が全労働者に占める割合は37.9％となりました。

私たちの調査により明らかになった東京の公立保育園における非正規保育者は44.7％です。その割合は全労働者を上回っていますが、低賃金や雇用不安などの問題は今日の日本における全非正規労働者の問題と共通しています。そして、これは東京の公立保育園のみならず全国の保育園が抱える問題とも共通していますから、この国で保育園を利用する、あるいは、利用したいすべての子ども・保護者にも影響を及ぼす大問題であるといえます。

ＩＬＯの条約とＯＥＣＤの勧告

日本の非正規労働者問題を考える上で、ＩＬＯ（国際労働機関）が採択した条約とＯＥＣＤ（経済協力開発機構）が日本におこなった提言はとても重要です。

1994年、ＩＬＯは非正規雇用者の権利の保障のために「パートタイム労働に関する条約（第175号）」を採択しました。これはパートタイム労働者の労働条件が比較可能なフルタイム労働者と少なくとも同等になるよう保護すると同時に、団結権、団体交渉権、労働者が代表とともに行動する権利、労働安全の待遇、雇用および職業における差別、社会保障制度、母性保護、雇用の終了、年次有給休暇など休日、疾病休暇に関してフルタイム労働者と同じ条件を、フルタイム、パートタイム間の自発的な相互転換の促進を定めています。批准国は欧州を中心に14カ国となっていますが、日本は批准していません。

2006年、ＯＥＣＤは日本経済について、所得分配の不平等改善のために労働市場の二極化を削減するよう提言しています。そのためには、正規労働者の雇用保護を削減し非正規労働者を雇用する企業のインセンティブを弱めること、非正規労働者に対しての社会保険適用を拡大することが必要だと指摘しています。

さらに2008年には、「日本は若年者が安定した職を見つける支援をするために、もっとできることがあるのではないか」と題したプレスリリースの中で、「日本の若年層は、労働市場の二極化進行の深刻な影響を受けている」と指摘し、「彼らは収入と社会保険は少なく、スキルやキャリア形成のチャンスは少ない」「非正規から正規への移行は困難であり、若年者は不安定な雇用に放置されている」と述べ、重ねて正規労働者の雇用保護削減と、非正規労働者の雇用保護・社会保障の拡大を提言しています。

「正規労働者の雇用保護削減」には同意しかねますが、ともあれ、ＩＬＯがこのような条約をつくり、ＯＥＣＤがこのような提言をおこなっていることからも、非正規労働者の問題はグローバルな社会問題であり、各国がこの問題を直視し、解決をめざさなければならない課題であることは明らかです。そして、欧州などの福祉先進国ではこれらが真摯に受け止められ、取り組みが進んでいるのに比べて、日本はまったく不十分であることも示しています。

2 非正規保育者問題を解決するための３つの課題

以上のことを踏まえ、非正規保育者問題を解決するための３つの課題（①国の非正規労働者政策を根本から正す、②保育労働者の非正規化の拡大に歯止めをかける、③保育の質を向上させる）を検討していきます。

国の非正規労働者政策を根本から正す

非正規労働者の増加に伴って、日本においても非正規労働者の雇用を守り、労働条件の改善を求める運動が広がっています。そして、この問題はマスコミも大きく取り上げており、私たちの運動を支持する世論も拡大しています。それに後押しされる形で、国や自治体も少しずつその対策に乗り出しています。

2015年、厚生労働省は「パートタイム労働者の均等・均衡待遇の確保や正社員へ転換するための取組を推進」するとして、「短時間労働者対策基本方針」を策定しました。主な中身は「短時間労働者の待遇の原則に沿った雇用管理の改善促進」「的確な行政指導の実施による法の履行確保」「通常の労働者への転換を推進する措置義務の履行確保」「短時間正社員など多様な正社員の普及」などとなっています。

東京都も「国と連携しながら、総合的な非正規雇用対策を強力に推進する」として、非正規労働者を正規員とした企業に対して１人あたり最大50万円を助成する、非正規労働者に対しても「就活エクスプレス（就職活動を促すグループワークや企業とのマッチングなど）」「正社員サポート事業（研修と企業での就労体験を組み合わせたプログラム）」「東京しごと塾（長期的な職務実習を実施し、就職活動から職場定着までを支援）」などをおこない、年間で5000人の正社員化を推進するとしています。

また、舛添都知事は、私たちの調査報告を受け、記者会見において「公立保育園に働く非正規保育者の処遇について、市区町村と協力して改善できるところは財政的なことを含めて考えたい」と発言しています。

国や自治体の取り組みは始まったばかりで、まだまだ非正規労働者の処遇改善にはほど遠い現状です。そもそも非正規労働者の増加や格差の拡大は国の政策がもたらしたものですから、今の政策を根本的なところから正していかなければなりません。だからこそ、私たちの第一の課題は、この国のすべての非正規労働者の雇用を守り、処遇の向上をめざす人々との連帯を深め、広範な国民に訴えながら、国を変え、自治体を変える運動に取り組むことになります。

保育労働者の非正規化の拡大に歯止めをかける

2015年４月、「子ども・子育て支援新制度」という新たな保育制度が施行されました。

内閣府作成の「新制度」の広報誌『すくすくジャパン』には、「すべての子どもたちが笑顔で成長していくために。すべての家庭が安心して子育てでき、育てる喜びを感じられるために。『子ども・子育て支援新制度』がスタートします」と書かれています。本当にそんな制度だったらいいと思います。しかし、空き店舗やマンションの一室などを活用した小規模保育施設の設置促進、保護者に負担を強いる実費徴収や上乗せ徴収の容認、事業者が利用者を選別できる直接契約の導入など、子どもの笑顔や子育ての喜びを実現するにはほど遠い制度だと言わざるを得ません。それは、この制度が女性の労働力の活用と保育産業の支援で経済成長をめざすという国家戦略に基づいてデザインされているからです。

そういう立場でつくられた制度ですから、当然、保育者のことも大事にしていません。先に挙げた小規模保育施設は、待機児童が集中するゼロ才児から２才児までの子どもを預かる事業で、定員は６名から19名の間で定めることになっています。保育士の処遇は低く、職員配置基準も低いため、当然、労働は過酷になります。そんな保育施設の新設が続いているため保育士不足の深刻さは今後も続くと思われます。

小規模保育施設には、Ａ型（認可保育園の分園）、Ｂ型（無認可保育施設からの移行）、Ｃ型（保育ママ）の３タイプがあり、このうち、Ｂ型は有資格者の比率の下限を50％とし、Ｃ型は有資格者の規定はありません。Ｂ型、Ｃ型であれば、子どもの数に対して必要な有資格者をそろえなくてもよいことになっています。これは、保育士不足への対応だけでなく、安価な労働力の活用をめざすものであると言わざるを得ません。そして、その対応のために「子育て支援員」という新たな保育従事者の活用も打ち出しています。

「子育て支援員」は、女性の活躍推進策として成長戦略に創設が盛り込まれ、「新制度」の施行に合わせて実施されました。これは、保育士資格がなくても20時間程度の研修を受ければ小規模保育施設などで保育士の補助をする仕事ができるというものです。まさに、保育の専門性が軽視されています。

そもそも、資格制度は、保育にはそれだけの高度な専門性が必要だから存在しているのであり、待機児童や保育士不足の問題があるからそこをなし崩しにしてよいという理由は通りません。この流れをくい止め、保育の専門性を有する有資格者が安定的に働ける条件を確立すること、非正規保育者の数を減らしていくこと、そして、非正規保育者の雇用を守り、処遇を改善して、安心して働き続けられる条件をつくりだすこと、それらが第二の課題です。

保育の質を向上させる

保育の目的は、子どもの健康を守り安全を確保すること、保護者が安心して働けるように支援すること、地域の子育て支援の一翼を担うことなどさまざまですが、一番大事なのは、保育園で育つすべての子どもの権利を保障することです。

1989年に国連で採択され、以降195の国・地域で締約された「子どもの権利条約」は、子どもの権利を守る世界基準です。乳幼児期の子どもの権利については、2005年に「『乳幼児期における子どもの権利の実施』に関する一般的意見７号」が採択され、各国に具体的な取り組みを求めています。

子どもの権利条約の12条「子どもの意見表明権」は、数ある子どもの権利の中でも特に重要だとされていますが、一般的意見７号は、乳幼児の意見表明権について「意見・気持ちを表明する子どもの能力ではなく、子どもの意見・気持ちに耳を傾けるおとなの能力こそが問われなければならない。」とし、次のように述べています。「参加の権利を達成するためには、おとなが子ども中心の態度をとり、乳幼児の声に耳を傾けるとともに、その尊厳および個人としての視点を尊重することが必要とされる。おとなが、乳幼児の関心、理解水準および意思疎通の手段に関する好みにあわせて自分たちの期待を修正することにより、忍耐と創造性を示すことも必要である」。

乳幼児期の子どもの意見表明権を保障するには、子どもの意見を聞く大人の能力が重要であり、大人の期待に子どもを合わせるのではなく、子どもの期待に大人が合わせなければならず、それには大人の忍耐と創造性が求められるというのです。子どもの権利を保障する保育を創るためには、保育者には相当高度な専門性が求められるのです。

保育の専門性は、目の前の子どもたちの「願い」をくみ取り、寄り添うことが基本であり、学び、考えながら保育実践を創造すること（実践的知能）が求められます。心理学者の柏木惠子氏は実践的知能を身につける手立てを、以下のように説明します。

「実践的知能は、職業体験の中で獲得され、発達します。しかし、職についてさえいれば、自然に身につくものではありません。問題は、時間ではなくその中身です。『石の上にも三年』と言いますが、ただ石に座っているのでは何年だろうとダメ、経験値は獲得されず実践的知能は育ちません。課せられた問題を、いわれたことだけする、その場しのぎの対応で済ませる、終われば片付いた！　と忘れてしまう…。これでは実践知は育ちません。既存の体験と知識を総動員して問題の解決にあたる、その経験を将来のために保持するなど、課題への主体的関与と体験、そして、学ぶ態度によって育まれます」(『大人が育つ条件－発達心理学から考える』柏木惠子・岩波新書)。

経験と学習を積み重ね、その時々に深く考えることが実践的知能を育むというわけですが、保育においては、子どもたちへの深い愛情に裏打ちされた洞察力や行動力とそれを高めるための理論や方法論の学習、そして、それらを蓄積していくために努力し続ける姿勢、それが専門性であるといえます。

正規、非正規を問わず、すべての保育者が専門性を獲得し、それを発揮しながら、さらに発展させる条件を整えること、それによって保育の質を高めていくこと、それが第三の課題です。

3 非正規保育者の問題を解決する2つの視点

次は、この3つの課題を踏まえた上で、その解決をめざすためにどうすればいいのかについて、①運動の主人公は非正規保育者、②中長期的な展望と目の前の問題解決という2つの視点から検討します。

運動の主人公は非正規保育者

非正規保育者が抱えるさまざまな問題を解決させる方向をめざすには、非正規保育者自らが立ち上がり、運動に参画することが必須です。自分たちが置かれている状況を変革するのは自分たち、運動の主人公は非正規保育者なのだということに確信を持つ必要があるのです。

20世紀を代表する教育思想家と呼ばれるブラジルの教育者パウロ・フレイレは、ブラジル国内の貧しい農村の非識字の農夫たちに、自分たちの境遇を考え、自分の暮らし、生活を変えていく（意識化）力としてのことばの読み書きを教えるという斬新な識字教育をおこなった人です。フレイレの代表的な著作『被抑圧者の教育学』（1968年）は、教育制度における公正と平等の問題を追求し、新たな教育学を提唱したものですが、そこには、現代の日本における非正規保育者の運動を前進させるための手がかりも数多く散りばめられています。

たとえば、「長く抑圧されてきた状況では、被抑圧者は自分の状況を対象化して自分を客観的に外から見る、というようなやり方で状況を『凝視』できないのだと思う」と抑圧されている人々の心情を分析します。その上で「だからといって被抑圧者が、自分を抑圧されたものであるとわかっていない、ということではない。しかし、抑圧されているという現実に『埋没』している状況のために、自らは抑圧されているという認識はひどく損なわれている」と続けます。自分の置かれている状況をなかなか「凝視」できない、しかし、わかっていないということではないのだから、この抑圧状況を変えることは可能だというのです。そこで、フレイレは「対話」を重視します。「対話」の中で被抑圧者が抑圧されている理由を考えて、変革するために行動するようになり、それによって新しい状況をつくりだせるようになると主張するのです。

非正規保育者の問題を解決するには、まず、当事者である非正規保育者が自分たちが置かれている状況に気づくことが必要です。その次に、「しかたない」という思いを超えて、現状は運動によって変えられることに確信を持つことが必要となり、さらに、そういう人たちが集まって一緒に行動すること、すなわち、労働組合に結集し、団結して運動に取り組む道すじをつくることが必要になります。

そのためには、正規・非正規の垣根をこえて、公立・民間の壁もこえて、さまざまな場面でさまざまな形で変革をめざすための「対話」を繰り返すことが重要であり、そこが出発点になります。これが一つめの視点です。

中長期的な展望と目の前の問題解決

非正規保育者が運動の主人公として立ち上がり、同じ志を持つ人々と連帯して運動に取り組むときには目標が必要になります。私たちの究極的な目標は、正規・非正規という今日の労働形態を根絶し、それぞれのライフスタイルに合わせて労働時間（フルタイム勤務・短時間勤務）を自ら選択できる仕組みをつくり、その下で同一労働同一賃金を実現させることです。人によっては夢物語に聞こえるかもしれませんが、欧州ではすでにあたり前になっている国が多数あるのですから、長期的にみれば日本でも実現可能です。そうはいっても、それを数年のうちに実現するというのは現実的ではありません。ですから、私たちは中長期的な展望を持ち、そこにたどり着くために、目の前の課題を一つひとつクリアし、私たちの要求を一つずつ実現させていくという短期的な計画をもつ必要があります。2つめの視点は、中長期的な展望を持ちながら、今すぐに変えなければならないこと、変えられることに取り組むということです。

4 制度・政策などにかかわる具体的な運動

では、いよいよ、非正規保育者の問題を解決するための具体的な保育運動についてを検討しましょう。

中長期的な視点から制度や政策の変更をめざす取り組み

①フルタイムで働く非正規保育者の正規化をめざす

私たちは正規・非正規にかかわらず、同じ時間、同じ仕事をするのであれば、同じ労働条件、同じ賃金、すなわち「同一労働同一賃金」をめざします。

ということは、非正規保育者が正規保育者と同じ仕事をしているのであれば、その処遇を同じにする、つまり、フルタイムで働く非正規保育者については、正規保育者に任用替えするべきです。また、障害児担当保育士など、本来はフルタイム勤務とすべき業務であっても、非正規保育者としての任用形式に合わせるため、意図的に短時間勤務とされている職も少なくありません。当然のことながら、これらの職を担う非正規保育者についてもフルタイムの正規保育士として任用するべきです。

そのためには、正規保育者の大幅増員を妨げている、地方財政制度や職員定数などを改善することが必要です。また、一般財源に組み込まれている公立保育園運営費を、民間保育園と同様、国庫負担に組み込み、国の予算を増やして、自治体が公立保育園の運営や人件費に充てられる予算を増やすことも必要です。それらの実現を国に求める運動を進めるのです。

②任期に定めのない「短時間公務員制度」の創設をめざす

公立保育園ではさまざまな職種を非正規保育者が担っています。そして、その職種には、地方公務員法が想定している原則的に正規職員が担わなければならない「恒常的な職」の枠にとどまらず、恒常的ではあるけれど、短時間勤務が適当な職も存在しています。そして短時間勤務が適当な職においても、同一労働同一賃金の原則が貫かれる必要があります。また、労働時間は短くても、その保育者たちは正規保育者と同様、「中立性の確保」や「質の担保」が求められます。したがって、これらの職を担う非正規保育者が、仕事に専念し、研鑽を深め、経験・知識・能力を保育に活かせるようにしなければなりません。そのためには、長期任用と労働条件の改善は欠かせませんから、国に対して「任期に定めのない短時間公務員制度」の創設を求めることが必要です。

私たちが「任期に定めのない短時間公務員制度」の創設をめざすのは、現在の「任期付き短時間公務員制度」では雇用期間が限定されるため、先にあげた「中立性の確保」や「質の担保」が十分おこなえないことに加え、任用された保育者は任期が終われば解雇される、すなわち、雇用不安は解決できないからです。また、「任期に定めのない」という私たちの要求は、すべての職においても同様であり、不当な雇い止めをくい止め、雇用の安定を確立する上で欠かせないものです。

③採用試験の年齢制限を撤廃し、正規保育者として採用される道を確保する

非正規保育者として働いている人の中には、正規保育者になりたいという希望を持っている人が少なくありません。しかし、多くの自治体が選考試験の年齢の上限を30歳としているため、30歳を過ぎると正規保育者への道が閉ざされてしまいます。

30歳を超えても有能な人はたくさんいますし、正規への夢が破れた人は働き続けるモチベーションが低下してしまいます。

長野県上田市は、保育士の採用について、通常の試験に加え、実務経験者枠を設け、59歳まで試験を受けられるようにしています。30歳を超えたすべての有資格者、非正規保育士として働くすべての人々に、常に正規への道が用意されているのです。この手法を多くの自治体が採用し、採用試験の年齢制限を撤廃する、あるいは実務経験者枠を設けさせる必要があります。

非正規保育者の雇用を守り、賃金・労働条件を改善する取り組み

①職種の違い、労働時間の長短を問わず、すべての非正規保育者の賃金を増やし、ボーナスの支給や退職金制度の導入をめざします

再掲になりますが、私たちのアンケート調査では、全体の92％の年収が300万円以下という状況で、25歳から29歳の49.0％、30歳から34歳の43.3％が今の賃金が生活費の主要な部分を占めていると回答しています。年収が130万円未満でも生活費の主要な部分と回答している人が44.0％も存在しています。これは、まさに「官製ワーキングプア」と呼ばれる公務労働の中に広がる貧困の実態を明らかにしています。そして、賃金に対して「やや不満」

「かなり不満」と回答している人が42.2%もおり、賃金の引き上げを求める人は32.6%も存在しています。

これらの結果から明らかなように、職種の違いや労働時間の長短を問わず、すべての非正規保育者の賃金を増やすべきであり、経験年数に連動する定期昇給の制度も導入されるべきです。

また、ボーナス支給、退職金の導入・改善の要求も高い数値を示しており、賃金の引き上げとともに、ボーナスや退職金も支給させる必要があります。

②恒常的な業務に従事する臨時保育者を、当面、非常勤保育者への置き換えを進める

臨時職員は、産休・病欠の代替えなど本来一時的・臨時的業務に期間を限って任用する制度です。しかし、保育園でも恒常的業務に臨時職員を従事させている事例が多くあります。恒常的業務に従事させながら、臨時職員は一年以上継続して任用してはならないという地方公務員法の条文を根拠に、1カ月間の雇用停止期間を設けている自治体がほとんどです。賃金が生活費の主要な部分を占めている人たちにとって1カ月の休みは死活問題です。そもそもこのような臨時職員の脱法的任用に問題があります。したがって、先に記述しているように、恒常的業務に従事する臨時保育者は、前記している中長期的展望をめざしつつ、当面、1年任用で雇用停止期間のない非常勤保育者に身分を変更させる必要があります。

③契約更新年数の上限を撤廃し、雇用不安を解消する

雇用期間が半年未満の64.1%が働き続けたいと回答するなど、公立保育園で働き続けたいと考えている人はたくさんいます。その反面、雇用不安は大きく、不安を感じる人は「やや不安」「不安」「大変不安」を合わせると52.4%にのぼります。非常勤保育者には契約更新年数に上限があること、臨時保育者は半年ごとの更新であることなどが主な理由です。言うまでもなく、保育者が安心して働き続けられる環境がなければ、子ども・保護者が安心で

きる保育は実現できません。したがって、非常勤保育者の契約更新年数の上限を撤廃し、臨時保育者が安心して働けるルールを確立し、雇用不安を解消するべきです。

労働組合への組織化の取り組み

①労働組合の存在を積極的に知らせ、加入を呼びかける

今回のアンケートでは、多くの人が自らの任用も、労働組合の存在も知らない実態が改めて明らかになっています。自分が置かれている状況がわからなければ要求は顕在化しません。したがって、賃金や労働条件は運動で改善できることも、不当な労働行為に異議を唱えられることもわからないまま、不満を自分の中にため込むか、泣き寝入りするしかない人が多数を占めているのです。

労働組合は、まさにそういう人たちのためにある組織です。しかし、アンケートの回答者の中で組合に加入している人はわずかに10.5％で、43.2％が60歳以上です。若い人ほど、勤続年数が短い人ほど組合に加入していないのです。

他方、16.9％の人が組合に「加入したい」「検討してもよい」と回答しており、「あまり考えたことがない」43.1％を加えれば、アンケートに回答してくれた過半数を組織することも可能です。職場内で労働組合の存在や存在意義をていねいに伝えることができれば、組合員数を飛躍的に増やすことができます。労働組合の関係者は、そのことの確信を持ち、積極的に加入を呼びかける必要があります。

②労働組合内の労働相談の体制を強化する

現在、労働組合に加入している人も含めて、労働組合が仕事上の不安や悩みの相談先として機能できていない問題が浮き彫りになっています。誰もが気軽に労働相談できる体制を労働組合内に確立することで、組合員の増加に

もつながります。労働組合内で労働相談できる体制を強化する必要があります。

③非正規保育者を含めた労働安全衛生活動を推進する

公立保育園の現場では、正規・非正規を問わず、業務量が増加し、忙しさの中、人間関係も希薄になっています。それに伴い、ストレスを抱える人も増え続けています。アンケートでも、「疲労が大きい」「とても疲れている」「やや疲れている」を合わせると60.0％という数値に達しています。

こういう問題を解決するために委員会の設置を義務づけているのが労働安全衛生活動です。現在は、これが十分に機能しているとはいえない状況であり、正規保育者にもこの活動がいき渡っていませんから、非正規保育者はなおさらです。したがって、非正規保育者を含めた労働安全衛生活動を推進することが必要です。

非正規保育者の専門性を高め、働きやすい職場をつくるための取り組み

①正規・非正規の「対話」を広げ、働きやすい職場をつくる

正規・非正規にかかわらず、仕事を進めていく上で「モチベーション」は欠かせません。賃金がモチベーションになる人、休暇がモチベーションになる人など、その要素は人それぞれですが、非正規保育者の49.8％が「子どもが好き」と回答していることから、子どもとともに生活し、子どもとともにあそび、子どもに愛されることが最大のモチベーションになると考えられます。それは、保育という仕事に感じるやりがいの調査でも明らかです。やりがいを感じる人は「とても感じる」「感じる」「やや感じる」を合わせると88.9％にのぼっているからです。

保育園で働くということは、子どもとともにありたいという願い、子どもをもっと理解したいという願い、子どもの成長を喜び合いたいという願いを実現するためであり、そこにモチベーションが生まれ、やりがいを覚えるの

です。しかし、現実は、「雑用ばかりで子どもとかかわれない」「非正規は○○さんと呼ばせ、先生と呼ばせないようにされている」など、アンケートの自由記載は、モチベーションが上がらずやりがいも見いだせない人が多数存在していることを明らかにしています。

保育園には子どもに接する以外にもさまざまな仕事があり、正規・非正規にかかわらず、自分がしたいことだけをしていればよいというわけにはいきません。しかし、正規と非正規の間でこの部分の格差があまりにも大きすぎるのであれば、当事者の話をよく聞き、おもいを受け止め、改善しなければなりません。

そのためには、非正規保育者が自分のおもいを伝える場、正規保育者がおもいを聞く場が必要であり、その逆もしかりです。自由記載の中には、正規と非正規のおもいがすれ違っていると思われる記述が多数見受けられました。それは「対話」が決定的に不足していることに起因します。対話の機会をつくり、その時間を増やしながら、互いの立場やおもいを理解し、ともに保育をつくる仲間としての関係を深めていくため、各保育園での対話のあり方を見直すことが必要です。

②研修の機会を広げ、学習活動を推進する

アンケート結果では、研修経験があるのは保育士で33.4%　調理・栄養士で67.4%という結果でした。調理・栄養士業務は、アレルギー児や離乳食の対応が必要であり、食中毒などへの十分な配慮も必要であることから、マニュアルが確立され、それに基づいて業務を遂行しなければならないため、保育士よりも研修の機会が多くなっていると思われます。しかし、保育士も、子ども一人ひとりの願いを受け止め、一人ひとりの発達段階と、クラスの保育目標に即したきめ細やかな対応が求められます。これは、正規も非正規も変わりません。それでも全体の３分の１しか研修経験がないというのは、専門性向上のための研鑽が求められ続ける保育という仕事の特性を考えるとあまりにも少なすぎます。そこで、自治体当局に対して研修の機会を増やすことを求めつつ、労働組合が非正規保育者の要求に基づいて独自の学習会を積極的に開催するよう努力する必要があります。

③正規・非正規の情報の共有化を進める

保育は、一人ひとりの子どもの個性や年齢、そのときどきの興味関心など、保育者が知りうる３分の１の情報を手がかりに、未知なる３分の２の世界を子どもと保育者が一緒に探究する営みだと言われます。そして、保育は乳児クラスを中心に複数の保育者がチームで取り組む仕事ですから正規・非正規を問わず、情報の共有は欠かせません。しかし、情報を共有できているというアンケートの回答は10.7％にとどまり、９割近くの人が共有できていないと感じています。子どものことを正規保育者と語り合いたい、子どものことをもっと知りたいと思うのは、当然の要求であり、これは保育内容の質にも大きくかかわる重要な課題です。

正規・非正規が情報を共有するには、どういう手立てが必要なのかを職場単位で検討し、共有化を進める必要があります。

むすびに

子どもは、「これは何だろう」「どう使うんだろう」などの好奇心を、徐々に「わかるようになりたい」「できるようになりたい」などの願いに昇華させ、そこに熱中することで知識や技術を獲得します。そして、熱中して「できた」「わかった」と実感でき、その喜びを身近の大人や友だちにわかってもらうことで、「自分には価値があって尊敬される人間である」という自尊感情をゆたかに育んでいきます。辛いときや苦しい時、その思いを身近な大人や友だちに理解してもらい、励ましてもらうことで、子どもはさらに豊かな自尊感情を育んでいきます。保育園は、まさに子どもたちの豊かな自尊感情を育む場所だと言っても過言ではありません。

ところで、さまざまな国際比較調査が、他国の人々と比べて日本人は大人も子どもも自尊感情が低いことを明らかにしています。

子どもの自尊感情の低さは大人の低さの鏡映しです。そして、アンケート調査の結果からも明らかなように、今日の非正規保育者は自尊感情を高めにくい状況の中に置かれています。子どもとともに過ごし、子どもに豊かな自尊感情を育むことが保育者の使命です。その保育者の自尊感情が低ければ、子どもに豊かな自尊感情を育むことは困難です。

今の保育園は、非正規保育者の存在抜きでは語れません。それは今後も変わりません。ですから、ここまで検討してきた非正規保育者にかかわる保育運動の課題は、単に非正規保育者の権利を向上させるだけでなく、非正規保育者の自尊感情を高めるためのものであり、それは、保育園に通う子どもたちに豊かな自尊感情を育み、笑顔を広げ、保育の質を高めるために欠かせないことなのです。そして、これは正規、非正規にかかわらず、公立、民間にもかかわらず、保育界全体の課題であり、非正規労働者の問題は社会全体の課題です。

公立保育園の非正規保育者の問題から、この国の保育の問題、非正規労働の問題の解決につなげるために、今、できることからはじめ、諦めることなく続けていきましょう。

非正規保育者がしあわせに働き続けられる保育園は、まちがいなく、正規保育者も、保護者も、もちろん子どももしあわせに過ごせる場所であり、そういう保育園があふれる国は、まちがいなくしあわせな国なのですから…。

〔参考資料・文献など〕

- 「労働力調査（詳細集計）2014年10月～12月期平均（速報）結果」総務省統計局
  http://www.stat.go.jp/data/roudou/sokuhou/4hanki/dt/
- 「パートタイム労働に関する条約（第175号）」ILO　1994年
  http://www.ilo.org/tokyo/standards/list-of-conventions/WCMS_239004/lang--ja/index.htm
- 「日本2006経済調査報告書」OECD（参考:2009年版経済財政白書）
  http://www5.cao.go.jp/j-j/wp/wp-je09/09b03010.html
- 「jobs for youth japan（プレスリリース資料）」OECD
  http://www.oecd.emb-japan.go.jp/pdf/Job for Youth jp.pdf
- 「短時間労働者対策基本方針」厚生労働省　2015年
  http://www.mhlw.go.jp/stf/houdou/0000078777.html
- 「東京都長期ビジョンに関わる非正規雇用事業」東京都産業労働局　2015年
  http://www.metro.tokyo.jp/INET/OSHIRASE/2015/04/20p4e100.htm
- 「すくすくジャパン」内閣府　2014年
  http://www8.cao.go.jp/shoushi/shinseido/
- 「『乳幼児期における子どもの権利の実施』に関する一般的意見7号」
  子どもの権利委員会　2005年
- 『大人が育つ条件―発達心理学から考える』柏木惠子・岩波新書
- 『被抑圧者の教育学―新訳』パウロ・フレイレ（著）三砂 ちづる（訳）亜紀書房
- 『自治体労働者の権利・労働条件　第3部自治体非正規雇用・公務公共関係　労働者の賃金・権利・労働条件』自治労連全国弁護団・日本自治体労働組合総連合編

COLUMN3

非正規保育者の賃金・労働条件を改善するため、「7・4公務員部長通知」を活用しよう！

地方公務員にかかわる法律「地方自治法」は、公立保育園に働く非正規保育者を含む、自治体で働く臨時・非常勤職員を、臨時的な仕事もしくは特別職として専門的な仕事をおこなう者と限定しています。そのため、定期昇給や一時金・退職金の支給はできないことになっています。

しかし、現実的には、多くの臨時・非常勤職員が恒常的な仕事に就くという法律違反の状況が長く続いています。自治体に働く臨時・非常勤職員の処遇があまりにもひどいため、「官製ワーキングプア」ということばが生まれ、マスコミも大きく取り上げています。同時に、このような状況の改善を求める運動が全国各地に広がり、裁判において「労働実態によっては非常勤職員への手当支給は地方自治法に違反しない」という判決も下されています。

このような状況を政府も見過ごせなくなり、2014年7月4日に「総務省公務員部長通知『臨時・非常勤職員及び任期付職員の任用等について』」を策定し、全国の自治体に通知しました。

その特徴を見てみましょう。

第一は「給与・手当は勤務実態を踏まえる」ことです。一時金の支給などは、臨時・非常勤職員だからダメというのではなく、勤務内容などを総合的に実質的に判断すべきであり、通勤費用相当分についても支給できるとしています。

第二は「年齢・性別、更新回数による募集制限を排除する」ことです。年齢や性別にかかわりなく均等な機会を与える必要があるとし、雇用の更新回数で一律に応募を制限するのは避けるべきとしています。

第三は「継続雇用の空白期間には根拠がない」ことです。多くの自治体が、雇用と雇用の間に1カ月や1週間など「空白期間」を設けていますが、そのような「空白期間」を置く根拠はないとしています。

第四は、「社会保険、労働保険、休暇等」についてです。これらの適用については、厚生年金及び健康保険並びに雇用保険及び労災保険の各法律にもとづく適用要件にそって適切な対応を図るべきとし、雇用を継続しているのであれば、被保険者資格がある者として取り扱うべきだとしています。その上、年次有給休暇、産前産後休暇、育児時間、生理休暇についても法律に合うように制度の整備を求めています。

総行公第５９号
平成２６年７月４日

各都道府県知事
（人事担当課、市町村担当課、区政課扱い）
各指定都市市長
（人事担当課扱い）
各人事委員会委員長
殿

総務省自治行政局公務員部長

臨時・非常勤職員及び任期付職員の任用等について

現在、各地方公共団体においては、多様化・高度化する行政ニーズに対応するため、任期の定めのない常勤職員のほか、事務の種類や性質に応じ、各種の任期付職員やいわゆる臨時・非常勤職員といった多様な任用・勤務形態が活用されています。どの業務にどのような任用・勤務形態の職員を充てるかについては、基本的には各地方公共団体において判断されるものであり、組織において最適と考える任用・勤務形態の人員構成を実現することにより、最小のコストで最も効果的な行政サービスの提供を行うことが重要です。

臨時・非常勤職員の任用等については、平成２１年４月２４日付総務省自治行政局公務員部公務員課長・給与能率推進室長通知「臨時・非常勤職員及び任期付短時間勤務職員の任用等について」（総行公第２６号）（以下「２１年通知」という。）において、任用の際の勤務条件の明示及び休暇その他の勤務条件に関して留意すべき事項等について示したところです。各地方公共団体においては、これを踏まえ、臨時・非常勤職員の任用等に係る取扱いについて必要な対応を図っていただいているところですが、総務省が行った調査では臨時・非常勤職員が増加傾向にある一方、２１年通知の趣旨が未だ必ずしも徹底されていない実態が見受けられ、また、臨時・非常勤職員の任用等に関連する裁判例や法令改正などの新たな動きも生じています。

このような事情を踏まえ、臨時・非常勤職員や任期付職員の任用等について、制度の趣旨、勤務の内容に応じた任用・勤務条件が確保できるよう、別紙のとおり、改めて留意すべき事項に関し考え方を取りまとめました。各地方公共団体における臨時・非常勤職員及び任期付職員の任用等については、２１年通知に代えて本通知によることとし、現行の臨時・非常勤職員の任用等に係る取扱いを再度検証した上で、必要な対応を図っていただきますようお願いいたします。

総務省がこのような通知を出しているのですから、自治体が従わないのは問題です。非正規保育者の賃金や労働条件の改善にはさまざまな運動が必要ですが、この「通知」は、運動の重要なツールとして十分活用できます。各地で活用しましょう。

※総務省自治行政局公務員部長「臨時・非常勤職員及び任期付職員の任用等について」
http://www.soumu.go.jp/main_content/000302194.pdf

お・わ・り・に

「○○ちゃん、自分だって同じことされたらいやでしょ。自分がされていやなことは人にもしちゃダメなのよ」

こうやって保育者が子どもに語りかける場面は保育園の日常の光景です。これは確かに正しいですし、子どもはだいたい4才くらいから「他者の心を推察する力」、いわゆる「心の理論」を獲得するといわれますから、こういう保育者のことばは4才を過ぎた子どもには説得力があります。

沖縄の人たちは沖縄に米軍基地はいらないと主張しています。福島の人たちは原子力発電所はいらないと主張しています。そして、「戦争をする国」への転換を許さない運動が全国各地に広がっています。多くの国民は、沖縄県民や福島県民の痛みを感じとり、その思いに共感しながら、平和憲法を守ることを支持しています。それは私たちが「心の理論」を有しているからです。しかし、政府はそんな声に耳を傾けようともせず、米軍基地の辺野古移転を撤回せず原子力発電所の再稼働を強行し、戦争できる国への準備を進めています。彼らに「心の理論」があるのか疑いたくなります。

ただし、私たちの「心の理論」も、ちゃんと機能しているか、常に点検する必要があります。正規保育者は「あの人は非正規のくせに…」と思ったりしていないか、非正規保育者は「あの人は正規だからと言って…」と愚痴ったりしていないかと…。

国民の目を眩ませる、これは権力の常套手段です。隣国の脅威に対抗するには米軍の基地がなければならない、必要なエネルギーを確保するためには原発の再稼働が必要不可欠、同盟国とともに戦わなければならないなどの主張はその典型です。今、保育現場で正規も非正規も疲弊しているのは、低い保育予算や最低基準が改善されず、公立保育園の民営化や正規から非正規への置き換えがすすむなど、国の保育政策によるものです。しかし、私たちはついついそれを忘れ、正規と非正規の対立という構造の中に埋没してしまいがちです。それは、私たちの「心の理論」もまだまだ不十分だからです。正規は非正規の人たちの思いに、非正規は正規の人たちの思いに、それぞれが思いを寄せてよくよく考え、同時に、国の保育政策や自治体の保育施策に目を向ければ、何が問題で、敵はどこにいるかが見え、正規と非正規が対立している場合ではないことに気づくはずです。

実は、この調査の中でも、正規と非正規の対立、保育者と研究者の対立など、二項対立の構図に陥ることがありました。作業が大変になったり、忙しすぎると、私たちは互いの立場を理解するのが困難になるのです。そんな中、私たちはたくさん議論し、「対話」を繰り返してきました。その中で、立場の違いや共通する思いを理解し合い、一致点を積み重ねながら、報告書の作成、そして、この本の作成につなげていきました。

この調査委員会が歩んできた道は、これからの保育運動が歩んでいかなければならない道でもあります。正規と非正規が理解し合い、公立と民間が理解し合い、派遣や委託の保育者ともつながって、この国の保育者の労働条件を改善し賃金を向上させる運動が広がれば、いつの日か、同一労働同一賃金を獲得し、正規、非正規という垣根も取り除くことができると思います。だから、今、私たちは「心の理論」をフルに使って、相手の立場を考え、理解し合わなければならないと思います。この本がそれに少しでも貢献できることを願っています。

この調査は、多くの自治体関係者と非正規保育者、そして、自治労連に加盟する労働組合の協力がなければおこなえませんでした。まず、その方々にお礼を申し上げます。そして、岩下和江さん、三井文代さんという２人の非正規保育者が、非正規の現状を変えるために奮闘してこなければ調査そのものが実現できませんでした。２人の熱意と努力に敬意を表します。具体的な調査や分析は、小尾晴美さん、義基祐正さんという若い研究者がいなければ不可能でした。特に報告書の主要部分をひとりでまとめ上げた小尾さんは、文句なくＭＶＰの働きぶりでした。正規と非正規、保育者と労働組合、それぞれの橋渡しの役割を果たしてくれた伊藤真咲さんと今井文夫さん、首都圏青年ユニオンや自治労連の業務を抱えながら事務局長の重責を担ってくれた武田敦さんにも心から感謝します。そして、出版の機会を与えてくださったかもがわ出版のみなさん、特に、これで私が関係する本のうち３冊を仕上げてくれることになった中井史絵さんには、これまでのことも含めてお礼を申し上げます。最後に、調査委員会のキャップの垣内国光さん。会議の後、必ず飲みに行き、いつも一番多く飲み代を負担してくれた他、報告書の作成や記者会見など、いろいろとご苦労、ご面倒をおかけしました。なかなか進まず沈滞ムードが漂ったときも、ビールを片手に「全国の非正規保育者のネットワークができるまでがんばろう！」と熱く語ってくれたことがここにつながり、このような形で結実しました。本当に感謝しています。

調査報告書とこの本は完成しましたが、非正規保育者の運動はまだまだ始まったばかりです。垣内さんがいうような全国の非正規保育者ネットワークの設立を当面の目標に、全国各地で非正規保育者の雇用不安の払拭や処遇改善の運動がさらに発展し、正規も非正規も安心してたのしく働ける保育園を増やすために、微力ながら、私も奮闘していく所存です。

最後に、この本を手に取り、ここまで読んでくださった読者のみなさん、それぞれの地域、職場で、正規と非正規の保育者が手を携えて、子どもたちのため、保護者の方々のため、そして、自分たちのために、よりよい保育を追求し、そのための運動も前進させてください。この本には、まだまだ不十分な点がたくさんあると自覚しています。今後、たくさんの方々からご意見、ご批判をいただいて、内容を深めていきたいと思っておりますので、よろしくお願いします。

パウロ・フレイレは、「愛は対話の基礎であり、同時に対話そのものである」と言います。そして、「人が人に抑圧されている状況に本当の愛はない。だからこそ、この抑圧状況を乗り越えることによってはじめて本来の愛を取り戻すことができる。」と続けます。私も、「本来の愛を取り戻すこと」「抑圧状況を乗り越えること」が私たちの運動の基本だと思います。愛のために奮闘しましょう。

高橋　光幸

●執筆者　（東京の公立保育園における非正規職員実態調査プロジェクト実行委員会）
垣内国光（明星大学人文学部福祉実践学科教授）
小尾晴美（東京学芸大学非常勤講師）
今井文夫（東京自治労連専門委員）
高橋光幸（墨田区公立保育園正規保育士／自治労連保育部会部会長）
岩下和江（文京区公立保育園非正規保育士／東京公務公共一般労働組合保育ユニオン）
三井文代（墨田区公立保育園非正規保育士／東京公務公共一般労働組合保育ユニオン）
武田　敦（東京公務公共一般労働組合特別中央執行委員／首都圏青年ユニオン副委員長）
義基祐正（近畿大学豊岡短期大学・日本工学院八王子専門学校非常勤講師）
伊藤真咲（世田谷区公立保育園正規保育士／東京自治労連保育部会事務局次長）

●本書の基となった調査
明星大学人文学部垣内国光研究室・調査実施協力—東京自治労連保育部会、東京公務公共一般労働組合保育ユニオン『東京都の公立保育園における非正規職員の実態調査報告書』発行 2014 年、A4、136 頁
（入手を希望される方は、以下まで kakiuchi@sw.meisei-u.ac.jp）

●イラスト：のがわ　みき
●カバー・本文デザイン：菅田　亮

私たち非正規保育者です

—東京の公立保育園非正規職員調査から見えてきたもの

2015年8月10日　第1刷発行
2016年1月14日　第2刷発行

監　修／垣内国光・高橋光幸・小尾晴美
編著者／©非正規保育労働者実態調査委員会

発行者／竹村正治
発行所／株式会社　かもがわ出版
〒602-8119　京都市上京区堀川通出水西入
☎075(432)2868　FAX 075(432)2869
振替　01010-5-12436

印　刷／シナノ書籍印刷株式会社

ISBN978-4-7803-0785-6　C0036

Printed in Japan

支えあい育ちあう 乳幼児期の集団づくり

全国幼年教育研究協議会・集団づくり部会／編著

A5判、192頁、本体1700円

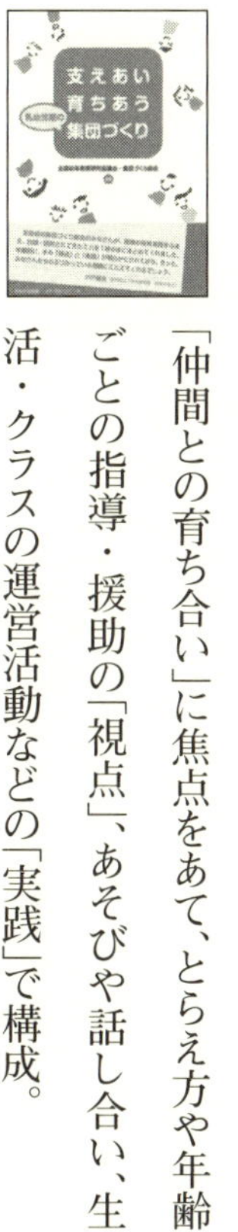

「仲間との育ち合い」に焦点をあて、とらえ方や年齢ごとの指導・援助の「視点」、あそびや話し合い、生活・クラスの運営活動などの「実践」で構成。